IMPOT

SUR LE

CHIFFRE D'AFFAIRES

Guide du Contribuable

PAR

Un Rédacteur au Ministère des Finances

Commentaire de la Loi du 25 Juin 1920 (Art. 57 à 72)
des Décrets des 26 Juin et 24 Juillet 1920; de l'Arrêté Ministériel du 1er Juillet 1920

PRIX :

4 Francs

V. F. LEFEBVRE

7, rue Edouard - Detaille, 7
PARIS (17e)

Téléph. : Wagr. 44–85
Compte Chèque postal : 141-43

PARIS
IMPRIMERIE Georges CADET,
7, rue Cadet (9e)

1920

IMPOT

SUR LE

CHIFFRE D'AFFAIRES

Guide du Contribuable

PAR

Un Rédacteur au Ministère des Finances

Commentaire de la Loi du 25 Juin 1920 (Art. 57 à 72)
des Décrets des 26 Juin et 24 Juillet 1920; de l'Arrêté Ministériel du 1er Juillet 1920

PRIX :

4 Francs

V. F. LEFEBVRE

7, rue Edouard - Detaille, 7

PARIS (17e)

Téléph. : Wagr. 44-85
Compte Chèque postal : 141-43

PARIS
IMPRIMERIE Georges CADET
7, rue Cadet (9e)

—

1920

# AVERTISSEMENT

Le rendement de l'impôt sur le chiffre d'affaires tient, dans les prévisions budgétaires, une place prépondérante ; son rendement est évalué à 5 milliards, et le gouvernement le considère comme la seule taxe qui puisse effectivment procurer immédiatement au Trésor la majeure partie des ressources dont il a besoin pour équilibrer le budget de 1920.

Cet impôt frappe quiconque fait acte de commerce, c'est dire quelle variété de questions soulève son application ; quoique les règles de perception soient relativement simples et qu'un incontestable effort ait été fait par le législateur pour faciliter le devoir fiscal du contribuable, la mise en vigueur de la loi soulèvera sans nul doute un grand nombre de difficultés dues tant à sa nouveauté elle-même qu'à la diversité des situations atteintes.

Dire au contribuable ce qu'est le nouvel impôt, lui expliquer dans quel cas il est dû, lui préciser les formalités qu'il lui incombe de remplir, et les conditions dans lesquelles doit s'effectuer le payement, tel est l'ob-

jet de cet ouvrage ; ce n'est pas une œuvre didactique, mais un guide dans l'application d'un impôt dont le principe est entièrement nouveau en France ; toutes considérations de portée financière, toutes discussions d'écoles qui n'auraient pas une portée essentiellement pratique et qui empêcheraient le contribuable de discerner aisément la portée et les limites de son rôle en ont été volontairement bannies.

CHAPITRE PREMIER

Objet de l'Impôt

I. — NATURE DE L'IMPOT

1. — Définition

L'impôt sur le chiffre d'affaires institué par les articles 59 et suivants de la loi du 25 juin 1917, est un impôt indirect qui frappe toutes les transactions commerciales ou financières, faites en gros ou en détail, entre commerçants ou entre commerçants et particuliers.

2. — Incidence

Il est dû par le vendeur ou par le courtier, intermédiaire, banquier ; mais ce n'est pas celui qui le paye qui en supporte définitivement la charge ; c'est un impôt essentiellement récupérable, un impôt à incidence (Cf. ci-dessous n°s 16 et 17) ; s'il frappe tous ceux qui vendent à un titre quelconque, il atteint indirectement l'acheteur du produit vendu.

3. — Territorialité

L'impôt ne s'applique qu'aux affaires faites en France, y compris le département du Bas-Rhin, du Haut-Rhin et de la Moselle, quelles soient faites par un Français ou par un étranger ; il n'atteint pas les affaires réalisées à l'étranger, serait-ce par un Français, dans les colonies françaises, dans les pays de protectorat et dans le bassin de la Sarre.

A. — Base de l'Impôt

4. — Fait générateur de l'impôt

Le chiffre d'affaires est le montant des ventes définitivement et effectivement réalisées à partir du 1er juillet 1920. Que faut-il entendre par « affaires réalisées » ? Au sens strict du mot, « réalisée » signifie « transformer en argent comptant ». (Littré).

Par suite, si le fait constitutif de l'impôt réside dans la vente, dans le courtage, ou l'opération quelconque susceptible de lui donner naissance, il ne devient exigible que lorsque le vendeur, en cas de vente, l'intermédiaire en cas de service rendu, a effectivement reçu le paiement ; et il frappe les sommes définitivement encaissées. Mais, ainsi qu'on le verra plus loin, le redevable payera d'après le montant de ses factures ou sur le montant de ses encaissements (Cf. n° 8).

Ce principe reçoit, dans la pratique, certaines applications intéressantes :

5. — Ventes antérieures au 1er juillet, dont le prix est payé postérieurement

L'impôt n'est pas dû sur les ventes de l'espèce ; mais les fraudes auraient été faciles en déclarant qu'une vente en réalité postérieure au 1er juillet, était antérieure à cette date, bien que le prix en soit payé postérieurement. Aussi les redevables qui désirent s'affranchir du payement de l'impôt pour les ventes de l'espèce, doivent inscrire sur un état spécial les affaires conclues avant le 1er juillet dont le payement serait effctué après cette date ; ces affaires sont dispensées de l'impôt à la charge pour les redevables de fournir toutes les justifications réclamées par l'administration. (Art. 22 du décret du 24 juillet 1920. *J. Off.* du 25 juillet.)

En ce qui concerne les objets de luxe vendus antérieurement au 1er juillet, voir ci-dessous n° 119.

6. — Ventes à terme. — Ventes à tempérament. Ventes à l'essai

Pour ces différentes ventes, il n'y a pas lieu de se préoccuper, pour déterminer le moment de l'exigibilité de l'impôt, des prescriptions du Code civil qui considère la vente parfaite, dès que « l'accord sera fait sur la chose et sur le prix ». L'impôt n'est dû que lorsque le payement du prix est effectué.

7. — Chiffre d'affaires des Consignataires et représentants

Lorsqu'un consignataire ou un représentant sert d'intermédiaire entre le vendeur et l'acquéreur, ce n'est pas la vente qui est assujettie à la taxe ; les intermédiaires sont rémunérés par une commission ; ils ne deviendront par suite débiteurs de l'impôt qu'au moment où cette commission sera encaissée.

8. — Date à laquelle le chiffre d'affaires doit être inscrit sur le livre spécial

On verra plus loin (n° 46) que tout redevable de l'impôt doit inscrire chaque affaire sur un livre spécial ; or, c'est à la date du payement que cette inscription doit en principe être opérée (art. 9, 2° alinéa du décret du 24 juillet). Toutefois, il a paru que dans certains cas le commerçant, l'industriel ou l'intermédiaire pourrait être admis à régler la taxe non sur le payement qui lui est fait, mais au moment où un effet de commerce est tiré sur l'acquéreur ; c'est-à-dire, en définitive, non au vu de son livre de caisse, mais au vu de son facturier.

Il en a la faculté, sous la réserve de l'autorisation donnée par l'administration. (Art. 9, 2° alinéa, du décret du 24 juillet.)

B. — Détermination du chiffre d'affaires

Il y a lieu de distinguer, à cet égard, entre deux catégories de redevables :

9. — Redevables vendant des marchandises, denrées, fournitures ou objets quelconques

Le chiffre d'affaires est dans ce cas déterminé par le montant *brut* des ventes effectuées, sans aucune déduction quelconque; la taxe est due sur le total des sommes payées par l'acheteur au vendeur; ce prix de vente comprend tous les frais généraux, la matière première, les transports, les contributions de multiple nature, les emballages. (Cf. ci-dessous n° 89.)

10. — Intermédiaires, mandataires, etc.

Pour tous les intermédiaires, mandataires, façonniers, loueurs de choses, entrepreneurs ou loueurs de services, pour tous ceux dont les bénéfices résultent de commissions, remises, courtages, salaires et prix de locations, le chiffre d'affaires est égal au montant *brut* total des sommes encaissées à ces divers titres.

11. — Banquiers

Pour toutes les entreprises de banquiers, d'escompte et de change, pour tous ceux dont les bénéfices résultent d'opérations sur les monnaies, effets de commerce, sommes et valeurs, le chiffre d'affaires est égal au montant total des intérêts, escompte, agio, commissions, courtages et profits sur réalisation de titres acquis à l'occasion de ces opérations. De même qu'en cas de vente, l'impôt est dû sur la totalité des sommes encaissées par le vendeur, de même, en cas de courtage, d'opérations de banque, l'impôt est exigible sur les sommes payées, y compris tous frais accessoires.

12. — Professions comportant des opérations
de nature différente

Lorsqu'une seule et même profession comporte plusieurs opérations de caractère différent, par exemple, des ventes de marchandises et des louages de services, les recettes effectuées supportent la taxe selon leur nature et en suivant les distinctions qui précèdent. (Art. 62 de la loi, 3° alinéa.)

13. — Représentants de commerce

Une distinction s'impose pour déterminer dans quelles conditions et sur quelles bases un représentant de commerce doit la taxe sur le chiffre des affaires.

Il a d'ailleurs été spécifié au cours des travaux préparatoires de la loi que le fait d'être porteur de la carte d'identité créée par la loi du 8 octobre 1919 ne constituait pas un critérium pour la non-exigibilité de la taxe.

A. — Représentant salarié

Dans ce cas, le voyageur de commerce reçoit simplement mandat de celui qui l'emploie, c'est un salarié, payé à traitement fixe ou à la commission, et l'impôt sur le chiffre d'affaires ne lui est pas applicable.

B. — Représentant faisant acte d'intermédiaire

Si le représentant de commerce agit sans mandat spécial et de sa propre initiative, il fait acte de commerçant et l'impôt est dû sur ses commissions.

C. — Représentant de commerce faisant des affaires pour son compte

Enfin, le voyageur de commerce peut faire des affaires pour son propre compte, sous sa responsabilité propre; il encourt personnellement les risques du commerce et réalise des bénéfices ou subit des pertes; s'il achète ferme et s'il facture à son nom, il est alors soumis à l'impôt sur le chiffre d'affaires.

D. — Représentant faisant des affaires diverses

En vertu du principe rappelé ci-dessus, n° 11, le voyageur de commerce qui agit en qualité de salarié pour certaines maisons, et d'intermédiaire pour d'autres, ne doit la taxe que sur les commissions qu'il encaisse en cette dernière qualité.

14. — Commissionnaires en marchandises

Ils doivent la taxe selon les mêmes distinctions que les voyageurs de commerce; s'ils achètent pour le compte d'un négociant, ils sont des mandataires et ne doivent la taxe que sur la commission qui leur est payée comme rémunération du service rendu.

15. — Commissionnaires ducroire

Ces commissionnaires, qui représentent des maisons dont ils vendent exclusivement les produits sur une place ou dans une région donnée, et qui sont engagés par traités à ne-prélever qu'une commission limitée, sont de véritables intermédiaires; ils ont le caractère de commerçants, mais ils n'ont de bénéfice que leurs commissions; ce sont donc ces commissions qui supportent l'impôt.

C. -- Comment l'impôt doit-être supporté

16. — Débiteur de l'impôt

On a vu, *suprà* n° 9 et suivants, que le chiffre d'affaires est déterminé par le montant brut des factures. D'autre part, c'est la vente payée et non l'achat qui donne ouverture à l'exigibilité de l'impôt; par suite, c'est le vendeur qui est seul personnellement redevable vis-à-vis du Trésor.

17. — Inscription sur les factures

Toutefois, si le vendeur doit l'impôt, il a la faculté d'en faire supporter la charge à l'acquéreur (voir n° 2); il a en principe le choix entre deux moyens, ou bien l'incorporer à son prix de vente ou bien l'inscrire distinctement sur ses factures. Mais, dans ce cas, l'impôt à 1,10 0/0 est calculé sur la somme totale versée par l'acquéreur, y compris, par conséquent, l'impôt lui-même.

Il y a, dans ces conditions, un incontestable avantage pour le redevable à incorporer l'impôt à son prix de vente, quitte à majorer ce dernier; en effet, si on suppose un achat de 10.000 francs, l'impôt, au taux de 1,10 0/0, est de 110 francs. Si le commerçant mentionne sur sa facture : 1° prix de la marchandise, 10.000 francs, et 2° impôt de 1,10 0/0, 110 francs, il encaisse en réalité 10.110 francs, et l'impôt s'élève à 111 fr. 21; il paye alors à l'Etat 1 fr. 21 de plus qu'il n'a reçu en réalité de l'acheteur; si l'on prend pour exemple une vente d'objets passible de la taxe de 10 0/0, l'écart est encore plus considérable.

II. — REDEVABLES DE L'IMPOT

18. — Assujettis à l'impôt sur le revenu des bénéfices industriels et commerciaux par le titre de la loi du 31 juillet 1917

Les personnes passibles de l'impôt sont : Toutes les personnes qui accomplissent des actes relevant des professions assujetties à l'impôt sur les bénéfices industriels et commerciaux institué par le titre Ier de la loi du 31 juillet 1917, c'est-à-dire toutes personnes qui exercent un commerce ou une industrie, de quelque nature que ce soit.

S'il est inutile de rappeler toutes ces professions, au moins peut-il être intéressant de rappeler les principales, telles qu'elles sont groupées, pour l'application de la loi précitée :

I. — *Carrières et industries dérivées.* — Verrerie, faïence, porcelaine, briques, verrerie, miroiterie, matériaux de construction, etc.

II. — *Alimentation* (liquides). — Alcools, sirops, vins, eaux gazeuses et minérales, etc.

Alimentation (solides) *et Horticulture.* — Marchands de bestiaux, bouchers, charcutiers, conserves alimentaires, beurre et fromages, poissons, meuniers, boulangers, pâtissiers, confiseurs, légumes, épicerie, fruits, fleurs, graines, etc.

III. — *Industries chimiques, chauffage et éclairage.* — Cirages, parfumeries, produits pharmaceutiques, caoutchouc, encres, matières colorantes, couleurs, droguistes, bois, charbons, engrais, etc.

IV. — *Papier, carton, industries polygraphiques.* — Imprimeurs, papiers de toutes natures, photographes, journaux, éditeurs, etc.

V. — *Industries textiles.* — Soie et soieries, laines, chanvre, lin, jute, coton et bonneterie, etc.

VI. — *Industries et commerce des vêtements.* — Chapellerie, modes, lingerie, chemiserie, mercerie, teintureries, etc., cuirs et peaux.

VII. — *Industrie du bois.* — Meubles.

VIII. — *Grosse et petite sidérurgie.* — Fers, aciers, etc., outils, coutellerie, meubles en fer, serrurerie et zinguerie, etc.

IX. — *Métaux communs autres que le fer et ses dérivés.*

X. — *Construction mécanique, carrosserie.*

XI. — *Matières précieuses, instruments de musique, instruments de précision, œuvres d'art, objets de collection.*

XII. — *Terrassements, construction, travaux publics.*

XIII. — *Navigation, pêche maritime, manutentions et transports.*

XIV. — *Commissions, Banques, Assurances.*

XV. — *Industrie hôtelière et industries dérivées.*

XVI. — *Industries et commerces divers.* — Grands masagins, agences d'information, de publicité, d'affaires, de placement, théâtres, cinématographes, casinos, etc.

Artisans et façonniers,
et en général tous *les fabricants vendant en gros, au détail et à façon,* tous *les marchands en gros ou en détail.*

19. — Personnes qui achètent des marchandises en vue de les revendre

Sont encore redevables de la taxe toutes les personnes qui, habituellement ou occasionnellement, achètent des marchandises pour les revendre.

Il a été spécifié que, chaque fois qu'un particulier qui n'est pas commerçant achète pour revendre, il fait acte de commerce assujetti à l'impôt.

En frappant les personnes qui, occasionnellement, achètent pour revendre, la loi n'a pas seulement voulu atteindre les personnes qui, sans être commerçantes, se livrent à des opérations commerciales différentes et successives, mais encore les personnes qui achètent pour revendre, serait-ce occasionnellement, par exemple celles qui, renouvelant *leur mobilier,* font du commerce en chambre.

a) Il faut toutefois avoir eu l'intention, en achetant, de revendre.

Exemple : Un viticulteur a une provision de soufre ; sa vigne se trouve gelée, et il ne peut utiliser sa provision ; il la cède à un de ses voisins ; dans ce cas, on ne peut considérer qu'il y ait achat pour revendre ; la taxe n'est pas due.

b) De même les agriculteurs qui achètent occasionnellement des animaux pour les engraisser et ne les revendent que quelque temps après ne font pas acte de commerce assujetti à la taxe.

c) Au contraire, si ces agriculteurs achètent des animaux et les font aller de marché en marché jusqu'à ce qu'ils les aient revendus, font de la manière la plus nette acte de commerce, et ces opérations sont sujettes à l'impôt.

d) De même encore, si des agriculteurs, au lieu de se borner à transformer en cidre leur seule récolte, achètent en outre des pommes pour augmenter la quantité de cidre qu'ils revendent, ils sont, à raison de ces achats et de ces reventes, redevables de la taxe.

20. — Sociétés coopératives

Le principe posé par l'article 59 de la loi, aux termes duquel il faut qu'il y ait achat pour revendre, trouve son application en ce qui concerne les sociétés coopératives.

Ces sociétés se livrent à des opérations de modalités diverses :

Si elles n'ont pas d'autre objet que d'acheter en gros des produits d'alimentation ou autres pour les répartir entre leurs membres, si elles n'achètent pas pour revendre, mais seulement pour le compte de leurs adhérents entre lesquels elles distribuent les marchandises sans autre prélèvement que celui qui est nécessaire pour couvrir leurs frais généraux, ces opérations ne sont pas assujetties à l'impôt.

Exemple : Si des syndicats agricoles commerciaux répartissent leurs achats entre leurs membres sans qu'il y ait commission à donner, la taxe n'est pas exigible sur cette répartition.

D'autres font un peu de commerce, même lorsqu'elles ne vendent qu'à leurs membres coopérateurs, parce qu'elles répartissent entre leurs membres, sous forme de ristourne, les bénéfices réalisés; la taxe est alors due sur ces bénéfices, même s'ils prennent le nom de commissions.

Exemple : Ainsi les sociétés d'achats en commun de marchandises destinées à être réparties exclusivement entre les membres associés ne font pas acte de commerce; mais la répartition donne lieu à certains frais généraux; les associés versent une commission dont la somme laisse des bénéfices à répartir en fin d'année; si la répartition est faite entre les associés, pas de taxe; mais si, dans les achats ainsi faits, une commission est prélevée, l'impôt frappe la commission; la société est alors considérée comme courtière ou intermédiaire.

Enfin, d'autres sociétés, quoique constituées comme des sociétés coopératives, vendent non seulement à leurs membres, mais encore au public; celles-là font acte de commerce, et elles doivent la taxe sur la totalité de leurs opérations.

Exemple : Les sociétés coopératives pour la fabrication du beurre, du fromage, recueillent dans un village le lait des éleveurs pour le convertir en beurre ou en fromage qu'elles vendent; en ce qui concerne les frais de fabrication et les bénéfices de vente, il n'y a aucune participation, et aucun motif ne permet dès lors de les considérer comme exonérées de l'impôt.

21. — Propriétaires de mines

La taxe est également applicable, aux termes de l'article 59 de la loi, aux affaires faites par les exploitants d'entreprises assujetties à la redevance proportionnelle prévue par l'article 33 de la loi du 21 avril 1810, c'est-à-dire par les propriétaires de mines.

22. — Agriculteurs vendant eux-mêmes leurs produits

La loi, en limitant l'impôt à toutes les personnes qui, habituellement ou occasionnellement, achètent pour revendre et aux assujettis à l'impôt sur les bénéfices industriels et commerciaux, exonère de la taxe les agriculteurs qui vendent eux-mêmes leurs produits. (Voir cependant ci-dessus n° 19, *c* et *d*).

23. — Professions libérales

Sont également exonérées de la taxe sur le chiffre d'affaires les personnes qui exercent des professions libérales, avocats, médecins, notaires, avoués, huissiers, etc.; ces mêmes personnes devraient l'impôt si elles se livraient, même occasionnellement, à des affaires passibles de leur impôt, qui seraient en elles-mêmes considérées comme des actes de commerce.

III. — AFFAIRES EXEMPTES DE L'IMPOT

24. — Exonérations résultant de l'article 60

Enfin, l'article 60 de la loi exempte de l'impôt un certain nombre d'affaires; ces dérogations sont fondées soit sur l'impossibilité de récupérer le montant de l'impôt sur l'acheteur, soit sur le fait que les affaires visées sont assujetties actuellement à un impôt analogue, soit enfin sur le désir de ne pas surcharger certaines consommations.

Ce sont :

I

25. — Les affaires consistant dans la vente du pain

Cette disposition est essentiellement limitative, et elle n'exempte pas en principe les ventes de sons, semoules, mouture et sous-produits. En ce qui concerne le blé et la farine, il a été spécifié, au cours des travaux préparatoires, que, lorsqu'un meunier achète à l'Etat du blé à un prix fixé et qu'il est obligé de vendre à un prix également fixé tous ses produits et sous-produits, lorsqu'ainsi ses opérations d'achat et de vente sont étroitement enserrées dans les limites étroites définies par l'autorité administrative, la taxe n'est pas exigible.

II

26. — Monopoles

Les affaires ayant pour objet la vente des produits *monopolisés* par l'Etat ainsi que des *timbres* et *papiers timbrés* débités par l'Etat.

Il est d'ailleurs évident que si un débitant de tabacs ajoute à la vente du tabac, des allumettes, etc., la vente d'objets de maroquinerie, de papeterie, d'articles de fumeurs, la taxe est due sur ces ventes.

L'exemption accordée aux produits monopolisés ne s'étend pas aux produits réquisitionnés, le sucre par exemple. En ce qui concerne la vente du sucre destiné à être réparti à la consommation familiale, le décret du 20 juin 1920 (*J. Off.* du 30) réserve l'impôt sur le chiffre d'affaires en sus des prix maxima fixés pour la vente. Par suite, les négociants répartiteurs doivent comprendre le montant de la vente du sucre du ravitaillement dans leur chiffre d'affaires passible de la taxe de 1,10 0/0.

III

27. — Services publics

Les affaires effectuées par les exploitants de services publics concédés tenus d'appliquer des tarifs fixés ou homologués par l'autorité publique et soumises à ces tarifs.

Il ne suffit pas, pour qu'il y ait exonération, que l'Etat ait concédé un service à un particulier ou à une société, il faut encore que ce soit un service public.

Exemple : Les établissement thermaux, à l'exception de ceux qui sont sous le régime de l'Etat, ne sont pas des services publics, ils doivent payer la taxe sur le chiffre d'affaires.

IV

28. — Agents de change, courtiers maritimes, courtiers d'assurances maritimes

Les affaires effectuées par les agents de change, les courtiers maritimes, les courtiers d'assurances maritimes et autres personnes ou sociétés, mais exclusivement lorsqu'elles donnent lieu à des commissions ou courtages fixés par des lois ou des décrets.

Les courtiers maritimes visés par la loi sont ceux qui sont qualifiés, aux termes de l'article 77 du Code de commerce, de courtiers interprètes ou conducteurs de navires, fonctions remplies dans certains ports de commerce par les courtiers d'assurances maritimes.

V

29. — Opérations de Bourse

Les affaires assujetties à l'impôt sur les opérations de bourse des valeurs édicté par l'article 28 de la loi du 28 avril 1893, c'est-à-dire toutes les opérations ayant pour objet l'achat ou la vente de valeurs de toute nature, soit sur le marché officiel, soit sur le marché en banque ; elles comprennent, notamment, la négociation à la bourse ou en banque des fonds d'Etat français, rentes sur l'Etat, bons du Trésor, promesses d'inscription de rentes, de titres de rente, emprunts ou autres effets publics des gouvernements étrangers, des actions et obligations des sociétés, compagnies ou entreprises quelconques, françaises ou étrangères, etc...

VI

30. — Opérations des Bourses de Commerce

Les affaires assujetties à l'impôt sur les opérations de bourse de commerce, édicté par les articles 11 de la loi du 13 juillet 1911 et 9 de la loi du 27 février 1912 ; cet impôt, fixé à 2 centimes par 5 quintaux ou 5 hectolitres de marchandises ou denrées faisant l'objet de l'opération atteint les marchés à terme ou à livrer des marchandises et denrées dont le trafic à livrer est réglementé dans les bourses de commerce.

Sont cependant frappées par l'impôt sur le chiffre d'affaires celles qui déterminent l'arrêt de la filière.

Il peut arriver qu'une affaire comprise dans une filière soit effectuée par une personne non assujettie au répertoire prescrit par les lois précitées. L'impôt sur le chiffre d'affaires est alors exigible sur cette opération, mais il est réduit, le cas échéant, à une somme égale à celle qui aurait été due au titre de l'impôt sur les opérations de bourse de commerce, soit à 2 centimes par 5 quintaux ou 5 hectolitres de marchandises ou denrées, suivant que l'unité marchande est exprimée en poids ou en volume.

VII

31. — Produits pharmaceutiques et assimilés

Les affaires effectuées par les fabricants ou importateurs et portant sur des produits pharmaceutiques et assimilés sur lesquels est perçu l'impôt de 10 o/o institué par l'article 16 de la loi du 30 décembre 1916. Il est à remarquer, d'ailleurs, que cette disposition est restreinte aux fabricants ou importateurs, qu'elle ne peut être étendue aux pharmaciens qui ne font que vendre ces produits, et qu'elle ne s'applique qu'aux spécialités présentées comme jouissant de propriétés curatives ou préventives.

VIII

32. — Sociétés de Capitalisation

Les affaires effectuées par les sociétés de *capitalisation* et assujetties à l'impôt établi par l'article 38 de la loi du 25 juin 1920 ; cette exemption s'applique aux entreprises françaises ou étrangères.

IX

33. — Assurances

Les affaires effectuées par les sociétés de capitalisation ou compagnies d'assurances et tous autres assureurs, quelle que soit la nature des risques assurés, et qui sont soumises aux taxes de timbre et d'enregistrement.

Ce sont : les compagnies d'assurances contre l'incendie, d'assurances maritimes, d'assurances sur la vie quelles que soient leurs modalités, de rentes viagères, les compagnies d'assurances et tous autres assureurs contre la mortalité des bestiaux, contre la gelée, les inondations et autres risques agricoles, les compagnies d'assurances contre les accidents corporels et les accidents ou risques matériels.

34. — Agents d'assurances

Ou bien ces agents sont de simples employés des compagnies et il ne peut être question de les assujettir personnellement à l'impôt sur le chiffre d'affaires.

Ou bien, ils travaillent à la commission, et dans ce cas, ils doivent acquitter l'impôt sur le montant total de leurs commissions lorsqu'elles leur sont payées. Il arrive assez fréquemment dans la pratique que des agents reçoivent, d'une part, un traitement fixe, et, d'autre part, des commissions ; l'impôt n'est exigible que sur ces dernières, en suivant la distinction posée ci-dessus n° 12.

X

35. — Spectacles

Les affaires effectuées par les entrepreneurs de spectacles et autres attractions et divertissements assimilés et soumises à la taxe instituée par l'article 13 de la loi du 31 décembre 1916, modifiée par les articles 92 et suivants de la loi du 25 juin 1920.

Rentrent dans cette catégorie : les théâtres, cafés-concerts, concerts symphoniques, cabarets d'auteurs, dioramas, panoramas, phonographes, orchestres mécaniques, musées de cire, séances de prestidigitation, d'hypnotisme, cirques, ménageries, musics-halls, courses vélocipédiques, pédestres, nautiques, matches d'escrime et de billard, cinématographes, dancings, bals, skatings, matches de lutte, courses de taureaux, tirs aux pigeons, combats de coqs, thés-concerts, soupers-concerts thés-dîners ou soupers-dancings, courses landaises, et tous autres spectacles, attractions, exhibitions, jeux et amusements assimilables auxquels le public est admis moyenant payement, salons et expositions diverses, bals de sociétés, bals forains ou occasionnels.

XI

36. — Transports

Les affaires effectuées par les entrepreneurs de voitures publiques de terre et d'eau ou les loueurs de voitures partant d'occasion ou à volonté.

CHAPITRE II

Des obligations des Redevables

I. — DÉCLARATION

37. — Débiteurs de l'impôt

Toutes les personnes soumises au chiffre d'affaires suivant les distinctions énoncées au chapitre 1er § II sont redevables de l'impôt.

38. — Redevables qui doivent la souscrire

Ce sont les personnes redevables de l'impôt sur le chiffre d'affaires et qui ne sont pas inscrites au rôle de l'impôt sur les bénéfices industriels et commerciaux.

Il est à remarquer, d'ailleurs, que si une personne à raison de sa profession, n'est pourtant pas inscrite au rôle de l'impôt sur les bénéfices industriels et commerciaux, par exemple parce qu'elle a commencé son commerce ou son industrie depuis le 1er janvier 1920, elle doit faire la déclaration dans les conditions et les formes qui sont précisées ci-dessous.

39. — Délai pour souscrire les déclarations

1° Pour les personnes soumises à l'impôt sur le chiffre d'affaires à partir du 1er juillet 1920, la déclaration doit être souscrite dans le mois à compter de cette date, c'est-à-dire avant le 1er août:

Toutefois, étant donné la date du 25 juillet à laquelle a été publié le règlement d'administration publique, le ministre a fait connaître qu'aucune pénalité ne serait retenue contre les redevables qui déposeraient leur déclaration avant le 25 août 1920 ;

2° Les personnes qui deviennent passibles de l'impôt

sur le chiffre d'affaires postérieurement au 1er juillet 1920, doivent souscrire la déclaration dans les quinze jours au plus tard à partir de celui auquel elles auront commencé à exercer leur profession ou leur commerce.

Exemple. — Une personne ouvre un magasin de confections le 14 octobre 1920 ; elle doit déposer la déclaration prescrite avant le 29 du même mois.

3° Toute ouverture de succursale ou d'agence entraîne la nécessité d'une déclaration dans les 15 jours à partir de celui auquel cette agence ou succursale a commencé à fonctionner.

40. — Lieu de la déclaration

Cette déclaration doit suivant les cas être souscrite, soit au bureau du receveur des contributions indirectes, soit au bureau du receveur des douanes, soit au bureau du receveur de l'enregistrement, mais elle l'est toujours au bureau dans le ressort duquel sont exercés la profession et le commerce. Des avis dans les journaux locaux feront vraisemblablement connaître à quel bureau de chaque administration les déclarations doivent être adressées, mais la loi ne prévoit aucune règle spéciale à cet égard; de même, il est possible que ce ne soit pas au bureau qui recevra une déclaration, que ces droits devront être ultérieurement versés ; ce sera un bureau de la même administration, mais qui pourra ne pas être le même (Cf. n° 65.)

41. — Redevables devant souscrire la déclaration au bureau du receveur des Contributions indirectes

1° Les personnes ou sociétés exerçant à titre principal, dans une commune quelconque, une profession ou un commerce les rendant redevables de droits ou taxes perçus par l'administration des contributions indirectes ; par exemple, les négociants en vins, en gros ou en détail, les liquoristes, les distillateurs, etc.; mais ne sont pas compris dans cette catégorie les personnes qui n'ont qu'accessoirement à acquitter des droits perçus par les contributions indirectes, par exemple des confiseurs, qui adjoignent à la vente de leurs produits la vente de vins fins et de liqueurs.

2° Les personnes exerçant leur profession ou leur commerce dans une commune dont la population, d'après le dernier recensement, ne dépasse pas 5.000 habitants. Sont exclues de cette catégorie les sociétés par actions autres que celles visées au n° 1 ci-dessus, et qui doivent faire leur déclaration au bureau de l'enregistrement.

42. — Bureau du receveur des Douanes

Ce sont les transitaires ou commissionnaires en douane.

43. — Redevables devant souscrire la déclaration au bureau du receveur de l'Enregistrement

Toutes les personnes autres que celles qui viennent d'être mentionnées.

44. — Déclarations concernant les succursales et agences

Les redevables qui, indépendamment d'un établissement principal, possèdent une ou plusieurs succursales ou agences, doivent souscrire, pour chacune d'elles, une déclaration spéciale ; cette déclaration est déposée non au bureau de l'administration qui a qualité pour recevoir la déclaration relative à l'établissement principal, mais au bureau dans le ressort duquel se trouve la succursale ou l'agence ; l'obligation de souscrire une déclaration spéciale n'atteint que les agences ou succursales autonomes, c'est-à-dire ayant une comptabilité distincte de l'établissement principal.

45. — Forme de la déclaration

Elle doit contenir :

1° Les nom, prénoms, domicile du redevable ;

2° La désignation précise de la nature et du siège de l'établissement ;

3° La dénomination, s'il y a lieu, de la maison de commerce ;

4° S'il s'agit d'une personne devenue redevable de l'impôt postérieurement au 1er juillet 1920, la date à laquelle elle a commencé à exercer sa profession ou son commerce ou a ouvert la succursale ou l'agence.

La déclaration est certifiée, datée et signée par le redevable ; elle peut l'être par un mandataire, mais dans ce cas, ce dernier doit justifier d'un pouvoir régulier qui reste annexé à la déclaration. Cette déclaration est faite sur papier libre. (Voir *modèle n° 1*.)

II. -- TENUE D'UN LIVRE SPÉCIAL

46. — Redevables qui doivent tenir le livre spécial

Ce sont toutes les personnes qui ne tiennent pas habituellement une comptabilité permettant de déterminer leur chiffre d'affaires effectivement et définitivement réalisées, s'il s'agit de commerçants ou d'industriels ; les courtages, commissions et autres profits définitivement acquis, s'il s'agit d'intermédiaires.

Pratiquement, la majorité des redevables sera amenée à tenir ce livre spécial.

47. — Forme du livre spécial

Il doit avoir les pages numérotées ; les inscriptions y sont faites, jour par jour, sans blanc ni rature ; il est totalisé à la fin de chaque mois.

48. — Que faut-il inscrire sur le livre spécial

1° Les personnes qui vendent des marchandises, denrées, fournitures ou objets, y inscrivent chacune des ventes qu'elles ont effectuées ;

2° Celles qui vendent des services y inscrivent chacun des courtages, commissions, remises, salaires, prix de location, intérêts, escomptes, agios et autres profits constituant la rémunération de ces services.

49. — Indications que doit contenir l'inscription

1° La date ;

2° La désignation sommaire des objets vendus ou du service rendu ;

3° Le prix de la vente ou le montant des courtages, commissions, remises, salaires, prix de location, etc. ;

4° Si la vente est consentie à un autre commerçant et

que le prix dépasse 500 fr., le livre doit indiquer en outre le nom et l'adresse de ce commerçant.

50. — A quelle date doit être faite l'inscription sur le livre

Les affaires ne doivent pas être inscrites sur le livre au moment de la vente, ni à la date du courtage, de la commission, mais à la *date du payement*.

Exception. — Le décret du 24 juillet prévoit cependant qu'à raison des convenances commerciales l'administration pourra autoriser les redevables à inscrire certaines catégories d'affaires à une date antérieure au payement. Par exemple, des commerçants pourront être admis à rétablir les relevés dont il sera question plus loin (Cf. n°s 67 et suivants) au vu de leurs facturiers.

51. — Opérations dispensées de l'inscription sur le livre

Les redevables peuvent inscrire globalement, à la fin de chaque journée, les opérations au comptant pour des valeurs inférieures à 100 fr., à condition qu'elles ne s'appliquent pas à des objets classés comme étant de luxe.

52. — Conservation du livre spécial

Le livre tenu par les redevables, ou, à défaut, la comptabilité qui en tient lieu, doit être conservé pendant un délai de trois ans à compter du 1er janvier de l'année durant laquelle le livre a été commencé.

53. — Conservation des pièces justificatives et des factures

Les redevables doivent conserver pendant le même délai toutes les pièces justificatives des opérations qu'ils ont effectuées, notamment leurs factures d'achat ; ce délai court alors à compter du 1er janvier de l'année pendant laquelle ces pièces ont été établies.

III. -- COMMUNICATION AUX AGENTS DE L'ADMINISTRATION

54. — Documents à communiquer

\ Les redevables doivent communiquer aux agents de l'administration toutes les justifications nécessaires à la fixation du chiffre d'affaires ; l'expression dont se sert la loi est imprécise, et son sens peut être très étendu, elle comprend tous les documents de quelque nature qu'ils soient entre les mains des contribuables, à la condition qu'ils puissent être considérés comme nécessaires à la fixation du chiffre d'affaires ; elle vise notamment, en dehors du livre dont il vient d'être traité, les factures d'achats, les livres en la possession du redevable, etc.

55. — A qui ces documents peuvent-ils être communiqués

Le droit de demander aux redevables les justifications nécessaires à la fixation du chiffre d'affaires varie suivant le commerce ou l'industrie qu'exercent ces redevables, suivant leur qualité ou leur résidence.

56. — Droit de communication de l'Administration des Contributions indirectes

Il est exercé vis-à-vis des redevables, inscrits ou non un rôle de la contribution des bénéfices industriels et commerciaux, qui rentrent dans les deux catégories suivantes :

1° Les redevables, particuliers ou sociétés, exerçant à titre principal, dans une commune quelconque, une profession ou un commerce les rendant redevables de droits ou de taxes perçus par l'administration des contributions indirectes (Cf. ci-dessus n° 41) ;

2° Les personnes, à l'exclusion des sociétés par actions autres que celles visées dans l'alinéa qui précède, exerçant leur profession ou leur commerce dans une commune dont la population, d'après le dernier recensement, ne dépasse pas 5.000 habitants.

57. — Droit de communication de l'Administration des Douanes

Il est exercé vis-à-vis des transitaires ou commissionnaires en douane (Cf. n° 42), qu'ils soient ou non inscrits au rôle de la contribution des bénéfices industriels et et commerciaux.

58. — Droit de communication de l'Administration de l'Enregistrement

Il s'applique à toutes les personnes autres que celles qui viennent d'être désignés (Cf. n° 43), qu'elles soient ou non inscrites au rôle de la contribution sur les bénéfices industriels et commerciaux.

59. — Droit de communication de l'Administration des Contributions directes

Il s'exerce :

1° Vis-à-vis de tous les redevables, quelle que soit la catégorie à laquelle ils appartiennen, passibles de la contribution sur les bénéfices industriels et commerciaux.

2° Vis-à-vis des propriétaires de mines (exploitants d'entreprises passibles de la redevance proportionnelle prévue par l'article 33 de la loi du 21 avril 1910).

60. — Etablissements différents. Succursales

Si un redevable possède plusieurs établissements, agences ou succursales, le droit de contrôle est exercé dans les divers établissements, agences ou succursales par les agents de l'administration qui a qualité pour exercer ce droit au siège du principal établissement.

61. — Modifications aux règles qui précèdent

Les règles de contrôle qui viennent d'être étudiées peuvent être modifiées, si les nécessités du service l'exigent ; des arrêtés ministériels pris pour une commune déterminée et s'appliquant à tous les redevables exerçant une même profession ou un même commerce détermineront alors les nouvelles modalités du contrôle.

CHAPITRE III

Taux, date, lieu et modes de paiement de l'Impôt

I. -- TAUX DE L'IMPOT

62. — Affaires autres que celles de luxe

Le taux de l'impôt a été fixé à 1 0/0 ; il est augmenté d'un dixième perçu au profit des départements et communes ; il est donc au total de 1,10 0/0.

Exemple : Un commerçant fait dans un mois 15.000 francs d'affaires ; il doit acquitter 165 francs.

63. — Taux pour les affaires de luxe

L'impôt est suivant les cas de 3 ou de 10 0/0 (Cl. nos 110 et suivants).

64. — Calcul de l'impôt

La taxe doit être calculée en suivant les sommes de un franc en un franc inclusivement et sans fractions.

II. -- LIEU DU PAIEMENT DE L'IMPOT

65. — Bureaux compétents pour recevoir l'impôt

Les bureaux désignés pour recevoir le payement de l'impôt sont les mêmes, suivant les différentes catégories de redevables, que ceux où doivent être faites les déclarations (Cf. n°s 40, 41, 42 et 43).

III. -- LIQUIDATION, MODES ET DATES DE PAIEMENT

66. — Deux modes de paiement

Deux moyens sont prévus pour la liquidation et le mode et la date de payement de la taxe sur le chiffre d'affaires.

Elle est payée, en principe, au vu d'un relevé mensuel et dans certains cas suivant un forfait.

A. -- Paiement au vu d'un relevé

67. — Bureaux compétents pour recevoir le dépôt du relevé

Ce sont les mêmes que ceux qui sont désignés pour le payement de l'impôt :

Exemple : Un négociant en vins adresse le relevé au bureau du receveur des contributions indirectes dans le ressort duquel il exerce.

Un commerçant ou un industriel dans une commune de moins de 5.000 habitants l'adresse également au bureau des contributions indirectes.

Un commerçant ou un industriel dans une commune de plus de 5.000 habitants adresse le relevé au receveur de l'enregistrement du chef-lieu de canton ; à Paris, au receveur de l'enregistrement de l'arrondissement.

Un transitaire en douane l'adresse au receveur des douanes dans le ressort duquel il exerce.

68. — Bureaux compétents pour recevoir les paiements par traites

Ainsi qu'on le verra plus loin (n° 78, 5°) les redevables sont autorisés sous certaines conditions à s'acquitter de l'impôt au moyen de traites ; dans ce cas, le rèlevé du chiffre d'affaires de ces redevables est adressé ou remis à l'agent de l'administration, désigné pour émettre la traite. Cette désignation sera faite par arrêté ministériel.

69. — Mode d'envoi du relevé

Les relevés peuvent être soit remis directement à l'agent de l'administration compétente, soit au bureau de poste par lettre affranchie adressée à cet agent. Il est inutile que cet envoi soit effectué par lettre recommandée.

70. — Date d'envoi du relevé

Les redevables de l'impôt sont dans l'obligation d'adresser ou de remettre dans le courant du mois le relevé du chiffre des affaires qu'ils ont effectuées durant le mois précédent.

Il est prévu que le directeur départemental de l'administration qui a qualité pour recevoir le relevé répartira les redevables en catégories et fixera, pour chaque catégorie, la période du mois pendant laquelle ceux-ci doivent remettre ou envoyer le relevé des affaires qu'ils ont effectuées.

Cette répartition n'est pas encore faite : elle sera vraisemblablement portée à la connaissance des redevables par la voie de la presse; en attendant que des décisions interviennent à cet égard, les redevables ont tout le mois pour déposer le relevé.

71. — Exceptions

Certains commerces ou industries comportent une comptabilité arrêtée par période spéciale et qui rendrait impossible l'établissement d'un relevé mensuel. Des arrêtés ministériels pourront autoriser les redevables exerçant des commerces ou des industries de cette nature à adresser le relevé de leur chiffre d'affaires à des dates qui seront fixées.

72. — Premier relevé

Le premier relevé ne doit être envoyé que le troisième mois qui suit la promulgation de la loi, c'est-à-dire, dans le courant du mois de septembre 1920. Il comprend le chiffre d'affaires réalisées au cours des mois de juillet et d'août.

73. — Etablissement du relevé

Le relevé est dressé par le redevable au vu du livre dont il a été parlé ci-dessus (nᵒˢ 46 et suivants), ou, à défaut de livre, au vu de sa comptabilité.

74. — Indications à porter sur le relevé

1° Nom du bureau auquel le relevé est adressé.

2° Mois qu'il concerne (étant observé que le premier relevé à déposer en septembre comprendra les mois de juillet et d'août distinctement, et que les résultats en seront totalisés).

3° Le nom et le domicile du redevable, la désignation et le siège de l'établissement et, le cas échéant, la désignation et le siège des agences ou succursales.

4° La nature de l'industrie, du commerce ou des affaires donnant ouverture à l'impôt.

5° La catégorie de classement de l'établissement, s'il y a lieu. (Voir à ce sujet ci-dessous nº 120.)

6° Le montant total des affaires effectuées durant le mois, en distinguant :

a) Les affaires passibles de la taxe de 1 0/0.

b) Les affaires passibles de la taxe de 3 0/0 (Cf. ci-dessous nº 121).

c) Les affaires passibles de la taxe de 10 0/0 (Cf. ci-dessous nᵒˢ 115 et 122).

Voir un *modèle de relevé*, modèle nº 3.

75. — Relevé dressé par des redevables effectuant des opérations de nature différente

On a vu, supra nº 11, que les recettes effectuées par des redevables exerçant une profession qui comporte plusieurs opérations de caractère différent, supportaient la taxe selon leur nature. Dans ce cas, les redevables indiquent distinctement sur leur relevé mensuel le montant des opérations qui rentrent dans chacune de ces catégories.

76. — Signature du relevé

Les relevés sont certifiés, datés et signés par le redevable; ils peuvent l'être aussi par son mandataire dûment autorisé, c'est-à-dire que celui-ci doit justifier d'un pouvoir régulier qui reste annexé au relevé; il n'est pas nécessaire, tant que le mandataire reste le même, que chaque relevé mensuel soit accompagné d'un nouveau pouvoir.

77. — Payement de l'impôt

Le relevé faisant ressortir le chiffre des affaires réalisées dans un mois est, ainsi qu'il a été expliqué, déposé au bureau compétent. C'est au moment de ce dépôt que l'impôt est versé.

78. — Comment l'impôt est-il acquitté

Le redevable a plusieurs moyens à sa disposition pour se libérer :

1° *Numéraire.* — Il peut acquitter l'impôt en numéraire en déposant le relevé.

2° *Chèque postal, mandat-poste.* — S'il envoie le relevé par la poste, il a la faculté de se libérer au moyen d'un chèque postal, d'un mandat-poste ou d'un mandat-carte émis au profit du receveur de l'administration compétente; il le lui adresse par lettre affranchie.

3° *Virement de chèques postaux.* — Il peut encore opérer un virement au compte de chèques postaux dudit receveur.

4° *Chèque barré.* — Si le versement à effectuer excède 100 francs, il peut remettre en payement, au moment du dépôt ou de l'envoi du relevé, un chèque barré émis à l'ordre du receveur compétent; il inscrit alors « Banque de France » entre les deux barres.

5° *Payement par traites.* — Un dernier mode de payement est enfin réservé aux redevables qui exercent leur profession ou leur commerce dans une place bancable. Après autorisation de l'administration compétente, ils peuvent acquitter l'impôt sur présentation d'une traite émise par l'agent de cette administration désigné à cet effet. Dans ce cas, l'impôt est augmenté des frais de traite ainsi que des frais de recouvrement. Le montant de ces frais doit être fixé par arrêté ministériel.

B. -- Paiement par forfait

79. — Conditions pour que le payement soit autorisé par forfait

Il a paru inutile d'obliger les commerçants ou les autres redevables à tenir un livre spécial et à déposer un relevé mensuel lorsqu'ils effectuent un chiffre d'affaires peu élevé. Aussi a-t-il été prévu que ces redevables pourraient se libérer moyennant le versement d'un forfait annuel.

Cette autorisation peut être accordée :

1° Aux redevables dont le commerce principal est de vendre des marchandises, denrées, fournitures ou objets à emporter ou à consommer sur place ou de fournir le logement, si leur chiffre d'affaires mensuel n'a pas excédé en moyenne, pendant l'année précédente, 4.000 fr.

2° Aux autres redevables, si leur chiffre d'affaires mensuel n'a pas excédé, dans les mêmes conditions, 1.000 francs.

80. — Formalités pour obtenir le bénéfice du forfait

Les redevables doivent adresser la demande d'être dispensé de déposer le relevé et d'acquitter l'impôt au moyen d'un forfait au directeur départemental de l'Administration compétente suivant le genre d'affaires qu'ils effectuent et suivant leur résidence (Cf. ci-dessus n° 41 et suivants). Cette demande est accompagnée de l'indication du chiffre d'affaires atteint l'année précédente.

81. — Obligations des redevables admis à payer par forfait

Ils doivent adresser tous les ans, avant le 31 janvier, au receveur de l'administration qui est compétente pour exercer vis-à-vis d'eux le droit de contrôle (Cf. ci-dessus n° 56 et suivants) un relevé semblable aux relevés mensuels (Cf. ci-dessus n° 74); ils indiquent seulement sur ce relevé le chiffre total des affaires qu'ils ont effectuées l'année précédente.

82. — Fixation du forfait

Le directeur départemental de l'administration compétente prend une décision dans le mois de la réception du relevé, et fixe le montant du forfait applicable à l'année courante; cette décision est notifiée au redevable.

Si la décision n'est pas prise dans le délai d'un mois, le forfait reste fixé au même chiffre que pour l'année précédente.

83. — Payement du forfait

Le redevable qui bénéficie du forfait l'acquitte en quatre fractions égales et trimestrielles ; les dates auxquelles ces versements doivent être effectués seront indiquées par l'administration. Ces versements peuvent être faits comme les versements mensuels, soit en numéraire, soit par mandats-poste, mandats-carte, chèques postaux, etc. (Cf. n° 78.)

84. — Cessation d'affaires

Si un redevable, qui a obtenu la dispense de payer l'impôt mensuellement, cesse ses affaires au cours de l'année pour laquelle le forfait a été fixé, il ne doit acquitter que la fraction de ce forfait correspondant aux mois pendant lesquels il a fait des actes le rendant passible de la taxe.

CHAPITRE IV

Imputation et Restitution

A. -- Imputation

85. — Cas où il y a lieu à imputation

Les redevables sont, ainsi qu'on l'a vu, tenus d'inscrire sur leur livre toutes les affaires réalisées et d'acquitter l'impôt sur le chiffre de ces affaires. Mais il peut arriver que ces affaires soient résiliées ou annulées. Certains redevables sont autorisés à acquitter l'impôt non sur les affaires payées, mais sur les affaires seulement conclues (cf. n° 50); elles peuvent alors rester impayées.

Le législateur a prévu que l'impôt pourrait être dans ces deux cas imputé sur l'impôt dû pour les affaires faites ultérieurement.

86. — Affaires résiliées ou annulées dans le mois

Elles sont simplement inscrites pour mémoire sur le relevé mensuel dont il a été question ci-dessus. (Cf. n° 74.)

87. — Affaires résiliées après le payement de l'impôt. Conditions d'imputation

Une affaire a été inscrite sur le relevé mensuel ; l'impôt exigible a été acquitté, et elle est, postérieurement à ce payement, résiliée ou annulée; le redevable n'impute pas d'office les sommes versées en trop.

Il joint, à un des plus prochains relevés mensuels à produire après la date de résiliation ou de l'annulation, un état spécial qui indique :

1° La nature de l'opération initiale ainsi que le nom et l'adresse de la personne avec laquelle l'affaire a été conclue ;

2° La date de cette opération ;

3° La page du livre spécial (cf. n° 49) sur laquelle elle a été inscrite ou du registre de comptabilité, à défaut de livre spécial ;

4° Le montant de la somme remboursée ou impayée.

88. — A quel moment se fait l'imputation

Le redevable ne fait pas l'imputation sur le relevé auquel il joint cet état spécial ; il impute le montant des sommes à déduire sur l'un des premiers relevés mensuels produits après le dépôt de la réclamation.

89. — Emballages. — Récipients

L'impôt étant dû sur le montant brut des sommes payées par l'acquéreur au vendeur, il doit être perçu sur le prix des emballages ou des récipients quand ce prix est décompté dans la facture. Mais il résulte des travaux préparatoires de la loi qu'au cas de restitution de ces emballages ou récipients, le prix doit être décompté, à due concurrence, sur l'ensemble des sommes dont le négociant ou l'industriel est redevable. Aux termes du dernier alinéa de l'article 16 du décret du 24 juillet 1920, des arrêtés ministériels doivent déterminer les règles à suivre pour obtenir l'imputation de l'impôt acquitté dans ces conditions.

B. -- Restitution

90. — Cas de restitution

L'impôt peut être restitué dans deux cas :

1° Si les affaires ont été résiliées, annulées ou sont restées impayées, et si l'imputation ne peut être faite suivant les règles qui viennent d'être exposées ;

2° Si la personne qui l'a acquitté a cessé antérieurement d'y être assujettie.

91. — Demande en restitution

La restitution ne peut avoir lieu que sur demande spéciale, dûment établie sur papier timbré et appuyée de toutes les justifications utiles ; dans le cas d'affaires résiliées, annulées ou impayées, ces justifications sont les mêmes que celles qui sont nécessaires pour obtenir l'imputation. (Cf. n° 87.)

92. — Délai

L'imputation ou la restitution ne peuvent, en aucun cas, être demandées après un délai de deux ans à partir de la perception.

93. — Assignation en restitution

Si un redevable n'obtient pas de l'administration compétente la restitution des droits qu'il estime avoir payés indûment, il peut assigner cette administration en restitution devant le Conseil de préfecture dans le ressort duquel les taxes ont été acquittées. (Cf. ci-dessous, n° 106.)

CHAPITRE V

Sanctions, Poursuites
Prescriptions

I. -- SANCTIONS DES CONTRAVENTIONS

Les contraventions encourues par les redevables sont punies d'amendes plus ou moins élevées, suivant qu'elles consistent en défaut de payement, ou en simple infraction aux règles de payement; elles peuvent même, dans certains cas, faire l'objet de sanctions pénales.

A. -- *Sanctions fiscales*

94. — Contraventions n'ayant pas frustré le Trésor

Elles sont punies d'une amende de 1.000 francs, augmentée de 2 décimes 1/2 par l'article 110 de la loi du 25 juin 1920, soit 1.250 francs.

Telles sont les infractions aux dispositions de la loi ou du règlement d'administration publique relatives au dépôt de la déclaration (n°s 38 et suivants) à la tenue du livre spécial (n° 46 et suivants), au dépôt du relevé mensuel (n°s 67 et suivants).

95. — Retard dans le payement de l'impôt

Le défaut de payement dans le délai légal (n° 39) de la totalité ou d'une partie de l'impôt est puni d'une amende égale, pour chaque mois ou fraction de mois de retard, au montant de l'impôt non payé dans le délai légal, avec minimum de 1.250 francs (décimes compris).

Par exemple, un redevable acquitte en décembre 1920 l'impôt afférent aux affaires effectuées dans le courant du mois de septembre et s'élevant à 1.400 francs; l'amende est de 1.400 × 3 = 4.200 francs.

96. — Refus de communication

Si un redevable refuse de communiquer à un agent de l'administration compétente les documents susceptibles de justifier son chiffre d'affaires (Cf. ci-dessus n° 54), il encourt un procès-verbal et le refus est puni d'une amende de 500 francs au minimum, de 5.000 francs au maximum en principal, soit 625 francs et 6.250 francs.

Si une instance est introduite par l'administration contre ce redevable, il reste tenu de représenter les pièces et les documents non communiqués. Le défaut de cette présentation est passible d'une astreinte qui ne pourra être inférieure à 100 francs par chaque jour de retard.

97. — Point de départ de l'astreinte

Elle commence à courir du jour où le redevable a signé le procès-verbal, ou du jour de la notification du procès-verbal dressé pour constater le refus d'exécuter le jugement rendu contre elle et régulièrement signifié.

98. — Cessation de l'astreinte

Elle ne prend fin que du jour où l'administration a été mise à même d'obtenir la communication des documents réclamés; cette communication résulte alors d'une mention inscrite par un agent de contrôle sur un des livres du redevable.

B. -- *Sanctions pénales*

99. — Infractions commises intentionnellement

La loi frappe plus sévèrement les contrevenants qui ont agi intentionnellement. Ce ne sont plus de simples contraventions fiscales, mais des *délits*. Une double condition est nécessaire pour que des sanctions pénales soient alors requises ; il faut :

1° Qu'il ait encouru depuis moins de trois ans une des peines fiscales dont il est parlé sous les n°⁸ 94 et 95 ;

2° Que la contravention ait été commise intentionnellement ; c'est à l'administration qu'incombe alors la preuve qu'il y a eu intention de fraude.

100. — En quoi consistent les sanctions pénales

Le redevable qui en est passible est traduit à la requête de l'administration compétente devant le tribunal correctionnel. Il peut être puni d'un emprisonnement de 8 jours à 3 mois.

En outre, le tribunal a la faculté d'ordonner, à la demande de l'administration, que le jugement sera publié intégralement ou par extraits dans les journaux qu'il désigne, et affiché dans les lieux qu'il indique. Cette publication et cet affichage sont ordonnés aux frais du condamné, dans les conditions prévues par l'article 7 de la loi du 1er août 1905 ; l'affichage est fait dans les lieux indiqués par le tribunal, notamment aux portes du domicile, des magasins, usines ou ateliers du condamné ; les frais de publication et d'affichage ne peuvent dépasser le maximum de l'amende encourue.

Ces délits sont susceptibles d'entraîner l'application de l'article 463 du Code pénal, aux termes duquel, si les circonstances paraissent atténuantes, les tribunaux correctionnels sont autorisés à réduire l'emprisonnement même au-dessous de 6 jours.

II. — CONSTATATIONS ET PREUVES DES CONTRAVENTIONS

101. — Modes de preuve

Les infractions aux dispositions légales relatives au chiffre d'affaires peuvent être établies par tous les modes de preuve de droit commun ; ces modes comportent notamment, non seulement la preuve littérale, mais encore la preuve par témoins, l'aveu de la partie, le serment, les présomptions même, pourvu qu'elles soient graves, précises et concordantes ; mais elle doivent être soumises alors à l'appréciation du Tribunal, en l'espèce du Conseil de préfecture.

102. — Procès verbaux

Les infractions sont constatées au moyen de procès-verbaux, qui peuvent être dressés par les officiers de police judiciaire, les agents de l'enregistrement, des contributions directes, des contributions indirectes, des douanes et de la répression des fraudes.

103. — Parts d'amendes recouvrées versées à un fonds commun

La loi prévoit qu'un dizième des amendes recouvrées sera versé à un fonds ocmmun ; ce fonds commun est réparti au personnel chargé de l'application de l'impôt.

III. — POURSUITES, INSTANCES

104. — Contraintes

Lorsqu'un redevable refuse de reconnaître une contravention, des poursuites sont exercées contre lui ; une contrainte lui est décernée par les agents de l'administration compétente pour exercer le droit de communication (Cf. ci-dessus n° 54.)

Cette contrainte est visée par le juge de paix du canton dans lequel l'impôt doit être acquitté, puis signifiée au redevable.

105. — Opposition à contrainte

• La contrainte est suivie d'une saisie à moins que le redevable n'estime être en droit de résister aux prétentions de l'administration ; il peut alors interrompre l'exécution de la contrainte en y faisant opposition ; cette opposition doit être motivée ; elle est formée avec assignation devant le conseil de préfecture.

106. — Dépôt des requêtes

Lorsqu'un contribuable veut faire opposition à une contrainte, ou assigner l'administration en restitution de droits, il dépose une requête au greffe du Conseil de préfecture. Cette requête, rédigée sur papier timbré, contient les nom, profession et domicile du demandeur, la désignation de l'administration contre laquelle l'instance est engagée, l'objet de la demande et l'énonciation des pièces dont le requérant entend se servir et qui y sont jointes. La requête est accompagnée de copies certifiées conformes par le requérant, destinées à être notifiées à la partie adverse. La signification de la demande peut être faite par voie d'huissier.

107. — Pourvoi devant le Conseil d'Etat

Les arrêtés des conseils de préfecture peuvent être attaqués devant le Conseil d'Etat, dans le délai de deux mois à compter de leur notification s'ils sont contradictoires et à dater de l'expiration du délai d'opposition s'ils ont été rendus par défaut. Ces recours ont lieu sans frais et sans l'intervention d'un avocat au Conseil d'Etat ; ils peuvent être déposés soit au secrétariat général du Conseil d'Etat, soit à la préfecture, soit à la sous-préfecture.

IV. — PRESCRIPTION

108. — Prescription au profit des redevables

L'action de l'administration est prescrite au bout de trois ans du jour de l'infraction.

109. — Prescription au profit du Trésor

L'action en restitution des redevables est prescrite par deux ans à compter du payement de l'impôt versé indûment.

CHAPITRE VI

Affaires de Luxe

110. — Catégories d'affaires de luxe

La loi frappe les affaires de luxe d'un impôt plus élevé ; elles sont de deux catégories :

1° Les ventes au détail ou à la consommation d'objets de luxe ;

2° Les affaires afférentes au logement ou à la consommation sur place de boissons et denrées alimentaires effectuées dans des établissements classés comme étant de luxe.

I. — DISPOSITIONS COMMUNES

111. — Perception de l'impôt

L'impôt est perçu sur les affaires de luxe comme pour les affaires ordinaires. (Cf. n°s 65 et suivants.)

112. — Inscription sur le relevé mensuel

Elles sont indiquées sur le relevé mensuel que les redevables doivent fournir, en distinguant suivant le taux de l'impôt auquel elles sont assujetties.

II. — VENTE D'OBJETS DE LUXE

113. — Taux de l'impôt

L'impôt sur les ventes d'objets de luxe est de 10 0/0, sans décimes.

114. — Qu'entend-on par objets de luxe

Ce sont les marchandises, denrées, fournitures ou objets quelconques classés comme étant de luxe.

Ce classement est effectué par décret et peut être modifié de la même façon. Les décrets de classement sont soumis à la ratification législative immédiate si les Chambres sont réunies, sinon dès l'ouverture de la plus prochaine session ; ils sont applicables jusqu'à cette ratification.

115. — Décret de classement du 26 juin 1920

Le premier décret de classement, en date du 26 juin 1920, publié au *Journal officiel* du 26, comprend trois tableaux :

Tableau A. — Objets classés comme étant de luxe à raison de leur nature.

Tableau B. — Objets classés comme étant de luxe, lorsque le prix de vente excède un certain prix.

Tableau C. — Objets de luxe soumis à l'impôt en cas d'exportation. (Cf. n° 158.)

116. — Vente d'objets de luxe destinés à la revente

Seules les ventes au détail ou à la consommation de marchandises, denrées, fournitures ou objets de luxe sont passibles de l'impôt sur le chiffre d'affaires à 10 o/o.

Les ventes de ces objets à des commerçants en vue de la revente ne sont assujetties qu'à l'impôt de 1,10 o/o.

117. — Conditions d'exemption de la taxe de 10 0/0

Le régime de faveur institué au profit de la vente des objets de luxe destinés à être revendus ne peut profiter aux vendeurs redevables de l'impôt qu'à une double condition :

1° Le redevable doit avoir ouvert au commerçant qui achète pour revendre un compte sur lequel sont portés tous les achats effectués par lui; ce compte peut être remplacé par un carnet d'escompte.

2° Il doit se faire remettre chaque année et avant tout achat un certificat spécial.

Certificat à remettre au vendeur. — L'acquéreur indique sur cet écrit qu'il doit signer, ses nom, prénoms et adresse.

Il certifie :

a) Qu'il est soumis à l'impôt établi par les articles 2 à 12 de la loi du 31 décembre 1917 sur les bénéfices industriels et commerciaux, ou qu'il se trouve dans l'un des cas d'exonération prévus à l'article 13 de ladite loi.

Cet article exempte de l'impôt sur les bénéfices industriels et commerciaux : les ouvriers travaillant chez eux ou chez les particuliers sans compagnons ni apprentis; les ouvriers travaillant en chambre avec un apprenti de moins de 16 ans; la veuve qui continue, avec l'aide d'un seul ouvrier, la profession précédemment exercée par son mari; les marchands ambulants, les pêcheurs.

b) Que tous les achats qui seront portés à son compte ou à son carnet d'escompte seront effectués pour son propre commerce et s'appliqueront à des objets destinés à être revendus par lui, avec ou sans transformation.

Cette deuxième partie de l'attestation n'est pas exigée des commissionnaires ou des courtiers inscrits au rôle des professions commerciales et industrielles; ceux-ci devront établir, sous une forme qui fera l'objet d'arrêtés ministériels spéciaux, que les marchandises achetées sont destinées à un commerçant.

Voir modèle n° 4.

118. —- Inscription au livre mensuel et factures

Les ventes d'objets de luxe destinés à être revendus devant supporter l'impôt de 1.10 0/0 doivent être portées sur le livre spécial; elles sont émargées d'une annotation ainsi conçue : « Vente à un commerçant. Taxe de 1.10 0/0. »

En outre, les redevables sont obligés, pour chaque affaire, de délivrer une facture sur laquelle ils désignent avec précision les objets achetés, avec l'indication de leur prix et de la date à laquelle l'affaire a été portée sur le livre spécial

119. — Payements d'objets de luxe vendus antérieurement au 1er juillet 1920

La vente au détail ou à la consommation d'objets de luxe était assujettie, avant la loi du 25 juin 1920, à une taxe de 10 o/o à la charge de l'acheteur qui devait être acquittée par le vendeur, soit au moyen de l'apposition de timbres mobiles sur les factures, soit en compte avec le Trésor.

Lorsque des ventes de cette nature feront l'objet de payements postérieurement au 1er juillet 1920, le nouvel impôt de 10 o/o ne sera pas à la charge du vendeur, mais exceptionnellement à la charge de l'acquéreur ; il est, dans cette hypothèse seulement, substitué à la taxe de même quotité qui aurait été à la charge de l'acheteur, en vertu de la loi du 31 décembre 1917. Cette disposition s'explique par le souci qu'a eu le législateur de ne pas léser les commerçants qui auraient eu à supporter la taxe de 10 o/o sur des payements de prix fixés sans qu'il soit tenu compte de cette taxe.

III. — DÉPENSES DE LOGEMENT ET DE CONSOMMATION DANS DES ÉTABLISSEMENTS DE LUXE

120. — Affaires soumises à l'impôt

Ce sont les dépenses afférentes au logement et à la consommation sur place de boissons et denrées alimentaires quelconques effectuées dans des établissements classés comme étant de luxe.

121. — Taux de l'impôt

Ces établissements sont classés en deux catégories ; et le taux de l'impôt varie suivant ce classement : il est de 10 o/o dans les établissement de première catégorie et de 3 o/o dans les établissements de seconde catégorie.

122. — Classement des établissements de luxe. Commissions départementales

Le classement des établissements de première et seconde catégorie est effectué dans chaque département par une commission spéciale dans les deux mois, à compter de la promulgation de la loi du 25 juin 1920, c'est-à-dire avant le 26 août 1920. Elle siège au chef-lieu et elle est ainsi composée :

Le directeur de l'Enregistrement ;

Le directeur des contributions directes et du cadastre ;

Le directeur des contributions indirectes ;

Deux représentants du commerce intéressé (café, hôtel ou restaurant) désignés par les Chambres de commerce, ou à défaut par le ministre du commerce ;

Un membre délégué par les grandes associations de tourisme ou les syndicats d'initiative, ou désigné à défaut par le ministre des travaux publics.

La commission est présidée par le plus ancien en grade des chefs de service ; en cas de partage des voix, celle du président est prépondérante.

123. — Notification et Effets des décisions des Commissions départementales

Les décisions des commissions départementales sont notifiées au chef de l'établissement intéressé par lettre recommandée avec accusé de réception.

Elles ont pour effet d'obliger ce redevable à acquitter l'impôt au taux exigible, selon la catégorie dans laquelle son établisement a été classé.

De plus, les établissements classés dans la première catégorie et assujettis comme tels à l'impôt sur leur chiffre d'affaires à 10 o/o sont les seuls qui aient le droit de prendre dans les enseignes, réclames, annonces, guides ou autres publications la qualification d'établissement de luxe. Si un établissement non classé ou classé dans la deuxième catégorie transgressait cette disposition, il pourrait être immédiatement classé dans la première catégorie.

124. — Appel des décisions des Commissions départementales

Le chef d'un établissement classé dans la 1re ou la 2e catégorie des établissements de luxe par une commission départementale peut interjeter appel de cette décision. Le même droit appartient au directeur des contributions indirectes.

Le délai d'appel est d'un mois à compter la notification de la première décision. L'appel n'est pas suspensif et n'interrompt pas l'effet de la décision ; l'impôt doit donc être acquitté au taux résultant de cette décision jusqu'à notification d'une nouvelle décision.

125. — Commission supérieure

L'appel est adressé à une commission supérieure ainsi composée : un délégué du ministre du commerce ; deux délégués du ministre des finances ; deux membres des Chambres syndicales de commerces intéressés (cafés, hôtels, restaurants, etc.); trois membres désignés par la réunion des présidents des Chambres de commerce ou, à défaut, par le ministre du commerce.

Le président de la Commission est désigné par arrêté du ministre des finances ; il a voie prépondérante en cas de partage.

La Commission supérieure statue sur mémoires écrits.

126. — Décisions de la Commission supérieure

Elles ne peuvent être attaquées que pour excès de pouvoir ou violation de la loi devant le Conseil d'Etat. Mais elles ne produisent d'effet que pour une année ; le redevable intéressé et le directeur des contributions indirectes peuvent, après une année révolue, réclamer le la commission un noúvel examen, et ainsi d'année en année.

127. — Exigibilité de l'impôt jusqu'au nouveau classement

On a vu *suprà* n° 522 que le classement des établissements de luxe devait être effectué dans les deux mois à compter du 26 juin 1920. Jusqu'à ce que les décisions à intervenir soient notifiées, les dépenses effectuées dans les établissements classés comme établissements de luxe sous l'empire de la loi du 31 décembre 1917 sont soumises à l'impôt sur le chiffre d'affaires au taux de 10 0/0; celles qui sont effectuées dans les autres établissements ne sont passibles que de l'impôt à 1,10 0/0.

IV. — DISPOSITIONS SPÉCIALES AUX VENTES PUBLIQUES D'OBJETS DE LUXE

(128)

La loi a prévu des conditions particulières de la taxe à 10 0/0 sur les ventes publiques de marchandises, denrées, fournitures ou objets quelconques classés comme étant de luxe et appartenant à une personne redevable de l'impôt sur le chiffre d'affaires (cf. nᵒˢ 18 et 19). Il n'y a pas lieu alors à tenue d'un livre spécial ni à dépôt d'un relevé. La taxe de 10 0/0 est perçue, lors de l'enregistrement du procès-verbal de la vente, sur le prix desdits objets, aux lieu et place du droit d'enregistrement exigible sur ce prix.

V. — VENTE D'OBJETS DE LUXE ENTRE NON-COMMERÇANTS

129. — Vente sous forme autre que par acte authentique ou sous seings privés

L'impôt sur le chiffre d'affaires n'est dû que lorsqu'il y a acte de commerce habituel ou occasionnel. Les ventes d'objets classés de luxe entre non commerçants seraient donc dans une situation privilégiée. Le législateur a prévu cette hypothèse en assujettissant les ventes de l'espèce, sous quelque forme et dans quelque condition qu'elles interviennent, à une taxe spéciale de 10 0/0.

130. — Comment est acquittée la taxe spéciale de 10 0/0

Cette taxe est calculée, comme l'impôt sur le chiffre d'affaires ; elle suit les sommes de franc en franc et sans fraction. Toute vente de cette nature quel que soit le prix doit faire l'objet de la délivrance d'une quittance.

La taxe est acquittée au moyen de timbres mobiles apposés sur la quittance, à la place des timbres-quittances ordinaires. Ces timbres sont immédiatement oblitérés par l'apposition, à l'encre noire, en travers du timbre, de la signature de celui qui donne quittance, décharge ou reçu ainsi que de la date de l'oblitération. La signature peut être remplacée par une griffe apposée à l'encre grasse faisant connaître le nom ou la raison sociale de celui qui a donné quittance, décharge ou reçu, sa résidence et la date de l'oblitération.

131. — Pénalités

L'acheteur et le vendeur sont solidaires pour le paiement des droits simples. De plus ils sont tous les deux passibles, si une quittance n'a pas été délivrée et si la taxe de 10 o/o n'a pas été acquittée, d'une amende égale au triple de la taxe qui n'a pas été payée ; cette amende ne peut être inférieure à 100 francs (125 francs, décimes compris).

132. — Vente entre non commerçants par acte authentique ou sous seings privés

Les ventes d'objets classés de luxe, appartenant à un non commerçant constatées par acte authentique ou sous seings privés sont passible de la même taxe de 10 0/0 ; mais sa perception n'est pas effectuée suivant les mêmes règles ; elle est alors perçue sur le procès-verbal ou l'acte aux lieu et place du droit d'enregistrement.

CHAPITRE VII

Vins de luxe, vins de liqueurs Eaux de vie et Apéritifs

133. — Régime particulier

Les ventes d'eaux-de-vie, de liqueurs, d'apéritifs, de vins de liqueur ainsi que des vins fins classés comme étant de luxe sont soumises à un régime particulier.

Elles sont frappées d'une taxe dont le taux est de 25 0/0 pour les eaux-de-vie, liqueurs, apéritifs et vins de liqueur.

15 0/0 pour les vins classés comme étant de luxe, c'est-à-dire ceux dont le prix dépasse, en fûts, 3 francs par litre, en bouteille, 5 francs par litre.

134. — Non cumul

Cette taxe ne se cumule pas avec l'impôt sur le chiffre d'affaires ; les ventes de vins ordinaires sont seules atteintes par la taxe de 1,10 0/0

135. — Ventes passibles des taxes à 15 ou à 25 0/0

Contrairement à l'impôt sur le chiffre d'affaires à 10 0/0 qui est perçu sur les ventes au détail ou à la consommation d'objets de luxe, la taxe à 15 ou 25 0/0 est perçue sur les ventes faites par les producteurs ou les négociants en gros aux débitants ou aux consommateurs.

136. — Modes de perception des taxes à 15 ou à 25 0/0

Ces taxes sont perçues par l'Administration des Con tributions indirectes. Deux modes de recouvrement sont prévus : que la vente soit effectuée par un producteur ou par un commerçant.

A. *Au comptant*. — La taxe est alors acquittée au moment de la déclaration d'enlèvement des boissons faite à la recette buraliste pour la délivrance de l'expédition ; la liquidation de la taxe est faite au vu de la déclaration, par l'expéditeur, de la valeur des boissons imposées.

B. *En compte avec le Trésor*. — Le commerçant peut être autorisé à être en compte avec le Trésor ; il acquitte dans ce cas la taxe tous les mois. Mais il est tenu à diverses obligations :

1° Il doit fournir une caution spéciale ;

2° Il inscrit ses ventes, rendus et échanges sur un livre dont le modèle est agréé par le directeur départemental des contributions indirectes ;

3° Il remet à ce service, dans les dix premiers jours de chaque mois, un extrait certifié de ce livre, concernant les opérations du mois précédent.

137. — Communication

Les commerçants en spiritueux, vins de liqueurs, vins fins, etc. sont tenus de représenter à toute réquisition du service des contributions indirectes leurs livres, registres, pièces de recettes, de dépenses et de comptabilité.

138. — Contraventions

Les contraventions aux dispositions qui viennent d'être analysées sont passibles d'une amende de 50 fr à 500 francs en plus du quintuple des droits dont le Trésor a été frustré ; en outre, les boissons saisies seront confisquées.

La constatation des contraventions, les poursuites en paiement des droits simples et des amendes ont lieu à la requête de l'administration des contributions indirectes ; le procès-verbal peut être dressé par les agents des contributions indirectes ou des douanes.

139. — Importation

(Cf. ci-dessous n°s 152 et suivants).

CHAPITRE VIII

Importation et Exportation

I. -- IMPORTATION

140. — Exigibilité de l'impôt

Les importations d'objets ou de marchandises sont soumises en principe à l'impôt sur le chiffre d'affaires de 1,10 0/0.

S'il s'agit de marchandises, denrées, fournitures ou objets classés comme étant de luxe, l'impôt est de 10 0/0.

L'administration des douanes perçoit l'impôt de 1,10 pour cent et de 10 0/0 à l'importation; les contraventions sont punies, les poursuites sont effectuées et les instances instruites et jugées comme en matière de douanes.

Si les marchandises importées consistent en eaux-de-vie, liqueurs, vins de liqueur ou vins fins, les taxes de 25 0/0 ou de 10 0/0 sont exigibles.

A. -- *Dispositions communes aux importations soumises aux taux de 1,10 et de 10 0/0*

141. — Liquidation et base de l'impôt

L'impôt est liquidé sur la déclaration d'importation faite à la douane ou sur une facture (cf. ci-dessous n° 143); il est perçu sur la valeur de la marchandise, et non pas sur le prix payé à l'importateur. La valeur à considérer est celle du marché intérieur, elle comprend la valeur d'achat à l'extérieur, à laquelle s'ajoutent les frais de transport, d'assurance, les droits de sortie et autres jusqu'à l'arrivée en France, et, s'il y a lieu, les droits d'entrée et les taxes intérieures de consommation, circulation, etc.

L'impôt à 1,10 0/0 ou à 10 0/0, suit les sommes de 1 fr. à 1 fr., inclusivement de franc en franc; les valeurs inférieures à 1 fr. ne donnent pas lieu à perception.

142. — Comment l'impôt est perçu

La perception est effectuée au comptant et avant mainlevée des marchandises (Voir exception ci-dessous n° 146) au moment du dédouanement pour la consommation, soit à l'arrivée directe du dehors, soit à la sortie d'entrepôt ou de dépôt ou à la suite de toute opération suspensive des droits de douane.

Les droits sont versés pour le compte du destinataire par le déclarant, c'est-à-dire par le signataire de la déclaration ou par la personne qui la présente.

L'impôt est perçu par le service des douanes, et son acquit donne lieu à la délivrance de quittances extraites d'un registre à souche; ces quittances sont passibles du timbre de quittance ordinaire; la facture reste annexée à la déclaration de consommation ou classée comme liquidation.

143. — Production d'une facture

Les envois de marchandises importées doivent être accompagnées de l'original ou de la copie de la facture, datée et signée par le signataire du permis de consommation ; cette facture indique le nom, l'adresse et la qualité du destinataire, ainsi que le détail des objets et leur prix; elle énonce en outre tous les éléments qui doivent s'ajouter au prix pour la liquidation de l'impôt (cf. ci-dessus n° 9). Cette facture est produite à l'appui de la déclaration de consommation; elle porte le même numéro. Si les factures ou déclarations ne font pas état de tous les éléments imposables, elles sont

complétées par les intéressés, sur l'invitation du service
des douanes.

144. — Envois par la poste

Les envois par la poste, en plis clos ou non clos et
en boîtes de valeurs déclarées sont soumis à la perception de l'impôt de 1,10 0/0 ou de 10 0/0 dans les
mêmes conditions que les opérations dont il est question
ci-dessus, et il donne lieu à délivrance de quittances tim-
brées.

145. — Objets apportés par les voyageurs

Mêmes règles en ce qui concerne les articles apportés
par les voyageurs, à l'exception de ceux qui sont reconnus avoir le caractère d'objets personnels en cours
d'usage et pour lesquels le tarif des douanes prévoit la
franchise des droits d'importation et des taxes intérieures.

146. — Crédit de droit

Dans le cas où les importateurs bénéficient, pour les
droits de douane, du crédit de droit et d'enlèvement,
ils peuvent en bénéficier aussi pour l'impôt sur le
chiffre d'affaires et dans les mêmes conditions.

147. — Contestations sur l'estimation des prix

L'estimation des prix figurant sur la facture et destinés à servir de base à la perception de l'impôt peut
paraître insuffisante et donner lieu à contestation de
la part du service des douanes.

Ce service défère ces contestations à l'expertise légale suivant la procédure fixée pour les litiges douaniers. Dans ce cas, l'impôt est perçu sur les prix arbitrés par les experts, sans préjudice des suites contentieuses à donner à l'infraction.

148. — Exonérations

Ne donnent pas lieu à la perception de l'impôt :

A) Les marchandises, denrées, fournitures ou objets
déclarés pour l'entrepôt, l'admission temporaire, le
transit, le transbordement ou constitués en dépôt ;

B) Les importations de pain ; celles de spécialités pharmaceutiques soumises à l'impôt de 10 0/0 établi par la loi du 31 décembre 1916.

149. — Livraisons assimilées à l'importation

Est assimilée par la loi à une importation l'opération par laquelle une personne résidant hors de France qui a acheté en France des marchandises ou objets donne l'ordre de les livrer en France à un tiers auquel elle les a revendus. Il y a alors deux opérations distinctes passibles de la taxe : d'une part l'achat équivalent à importation et d'autre part la revente ; l'impôt de 10 0/0 ne serait dû cependant dans ce cas que si la revente d'objets de luxe était faite au détail ou à la consommation.

B. -- Dispositions particulières à la taxe de 10 $^0/_0$

150. — Cas dans lesquels la taxe de 10 0/0 est perçue

La taxe est due à 10 0/0 sur la valeur des marchandises, denrées, fournitures ou objets importés classés de luxe, lorsque ces articles sont destinés à des consommateurs ; elle n'est pas due lorsqu'ils sont destinés à des commerçants pour être revendus après ou sans transformation.

151. — Importation par des commerçants.
Attestation à fournir

Mais les commerçants qui achètent des objets de luxe à l'étranger doivent fournir aux importateurs une attestation, laquelle est remise au bureau de douanes par le déclarant.

Cette attestation est écrite en double expédition ; elle indique le nom, prénom et adresse du commerçant qui la signe et qui affirme sous sa responsabilité :

1° Qu'il est soumis à l'impôt sur les bénéfices industriels et commerciaux ou qu'il se trouve dans l'un des cas d'exonération prévus par l'article 13 de la loi du 31 juillet 1917 (c. f. ci-dessus n° 117) ;

2° Qu'il achète pour son propre compte ;

3° Que la marchandise est destinée à être revendue, après ou sans transformation ;

4° Qu'il s'engage à inscrire son achat sur le livre spécial et à annexer à ce registre un double de la facture remise à la douane au moment de l'importation.

Les commerçants doivent procéder à ces formalités avec le plus grand soin, car si l'une des expéditions de l'attestation est annexée à la déclaration, la seconde est destinée à l'administration de l'Enregistrement qui peut ainsi exercer un contrôle efficace sur les opérations du commerçant.

C. -- Dispositions particulières aux taxes de 15 et de 25 $^0/_0$

152. — Conditions de perception

Les taxes de 15 et 25 0/0 sont perçues sur toutes les importations de spiritueux, de vins de liqueur et de vins fins destinés à la consommation ou a des commerçants de détail.

Les mêmes importations faites à des marchands en gros sont passibles seulement de l'impôt de 1 fr. 10 0/0.

Dans l'un et l'autre cas, les taxes ou l'impôt sont perçus par l'administration des contributions indirectes.

153. — Mode de perception

L'impôt est perçu par la recette buraliste des contributions indirectes en même temps que le droit de consommation ou de circulation, c'est-à-dire lors de la déclaration effectuée par l'importateur pour la délivrance du titre de mouvement.

Cette déclaration est écrite ; elle indique la valeur de la marchandise sur le marché intérieur, droits de douane et de consommation ou de circulation compris ; la taxe est perçue sur cette valeur.

154. — Importation par petites quantités

Lorsque le service des contributions indirectes n'a

pas de bureau à un point frontière par où des voyageurs non commerçants importent de petites quantités de liquide soumis à l'impôt, la perception est effectuée par la douane, pour le compte de l'administration des contributions indirectes.

155. — Rappel des règles de perception communes

Les perceptions suivent les sommes de 1 franc en 1 fr. inclusivement et sans fraction ; elles sont effectuées avant la main levée des marchandises ; les valeurs inférieures à 1 franc sont exemptes d'impôt.

Les dispositions qui font l'objet des paragraphes n°s 144, 145, 146, 158 A, sont applicables aux importations de vins fins et spiritueux.

II. — EXPORTATIONS

156. — Exemption d'impôt

Les opérations de vente, de commission ou de courtage qui portent sur des objets ou marchandises exportés sont exemptes de l'impôt à 1,10 o/o et sous réserve des exceptions ci-dessous (n° 158) de l'impôt à 10 o/o, et à condition que l'exportation ait lieu dans les quatre mois de la vente.

157. — Formalités à remplir

L'arrêté ministériel du 1er juillet 1920 spécifie quelles sont les formalités indispensables pour qu'il y ait exonération de l'impôt ; il est à désirer que ces règles compliquées soient ultérieurement modifiées :

Les expéditions sont inscrites par le vendeur sur un carnet à souche et à volants qui lui est fourni, contre remboursement du prix, par l'administration à laquelle il verse habituellement l'impôt. Indications à consigner sur la souche et sur le volant : numéro d'inscription, nombre et espèce des colis, espèce et qualité de la marchandise, poids, valeur (en toute lettres) et destination.

Le volant est détaché de la souche et suit la marchandise ; dans le cas où l'exportation est effectuée par un transitaire, le vendeur l'envoie à ce transitaire qui le remet à la douane du bureau de sortie après l'avoir daté et signé pour valoir déclaration ; de plus, la déclaration de douane en fait mention. La douane identifie la marchandise, constate son embarquement ou sa sortie et annote le volant, en indiquant en toutes lettres la valeur reconnue ou admise ; elle le restitue au déclarant qui le renvoie à l'expéditeur pour être rattaché à la souche comme justification de l'exportation. Le rattachement du volant à la souche est nécessaire pour justifier la dispense de l'impôt. Aucun passavant d'exportation ne peut être délivré plus de quatre mois après la vente.

158. — Exportation d'objets de luxe. — Exceptions

Les règles qui précèdent sont applicables à l'exportation des objets de luxe à l'exception toutefois de ceux qui font l'objet d'un classement spécial au tableau C du décret du 26 juin 1920 ; ce sont : les ouvrages de mode, les robes et manteaux, les dentelles et plumes.

159. — Conditions d'exemption de la taxe pour les objets de luxe

En dehors de l'exception qui fait l'objet du paragraphe précédent, il est utile de remarquer que tous les objets de luxe exportés ne bénéficient pas de l'exemption de l'impôt. Dans l'hypothèse où un étranger ou un Français achète des objets de luxe en France et les fait expédier en pays étranger, la taxe n'est pas due sous les conditions de forme exposées sous le n° 150. Lorsque l'acheteur exporte la marchandise en l'emportant lui-même, la taxe lui est restituée à la douane si l'exportation a lieu dans un délai de 4 mois. Mais il a été précisé lors des travaux préparatoires de la loi que cette exportation doit être faite avant toute consommation ; dans le cas où il s'agirait de vêtements par exemple, il faudrait, pour qu'il y ait exonération de la taxe, que ces vêtements n'aient pas été portés en France, avant l'exportation.

APPLICATIONS EN ALSACE-LORRAINE

160. — Application de l'impôt sur le chiffre d'affaires en Alsace-Lorraine

On a vu supra n° 3 que l'impôt sur le chiffre d'affaires était applicable aux affaires réalisées dans les départements du Bas-Rhin, du Haut-Rhin et de la Moselle. L'article 114 de la loi du 25 juin 1920 dispose à cet égard :

« Les taxes créées par les article 57 à 76 de la présente loi seront appliquées de plein droit aux départements du Bas-Rhin, du Haut-Rhin et de la Moselle, suivant les modalités déterminées par le règlement d'administration publique prévu à l'article 67.

« Seront considérées comme soumises, dans les départements du Bas-Rhin, du Haut-Rhin et de la Moselle, à ladite taxe les personnes qui y seraient assujetties par l'application de l'article 59, si elles habitaient dans les autres départements français. Seront exemptées de la taxe prévue à l'article 59 toutes les affaires réalisées dans les départements du Bas-Rhin, du Haut-Rhin et de la Moselle et qui seraient exonérées par application de l'article 60, si elles étaient effectuées dans les autres départements français.

« Est abrogée, à dater de la mise en application de ces prescriptions, la loi d'Empire du 26 juillet 1918 relative à l'impôt sur le chiffre d'affaires. Les délais prévus par cette loi pour le payement des droits exigibles commenceront à courir à partir de la même date en ce qui concerne les droits dus pour la période postérieure au 1er janvier 1920. »

APPENDICE

TIMBRES DE QUITTANCE

161.

Sous le régime nouveau institué par la loi du 25 juin 1920 (art. 55), tous les titres, de quelque nature qu'ils soient, signés ou non signés, faits sous signatures privées, qui constatent des payements ou des versements de sommes, quels que soient le caractère civil ou commercial du payement ou du versement et la qualité de celui qui le reçoit ou l'effectue, sont soumis à un droit gradué ; ce droit est acquitté par l'apposition de timbres mobiles.

Quittance de 10 francs et au-dessous : exemptes.

Quittances au-dessus de 10 francs et n'excédant pas 100 francs : 0 fr. 25.

Quittances au-dessus de 100 francs et n'excédant pas 1.000 francs : 0 fr. 50.

Quittances au-dessus de 1.000 francs : 1 franc.

Voir exception supra n° 129 et 130 pour les quittances de prix de vente d'objets de luxe entre particuliers.

Les décharges, reçus de titres, valeurs ou objets sont assujettis à un droit uniforme de 0 fr. 25.

MODÈLES

1° *Déclaration.*

2° *Relevé mensuel.*

3° *Attestation délivrée par des commerçants.*

4° *Livre spécial.*

Modèle I

IMPOT SUR LE CHIFFRE D'AFFAIRES

DÉCLARATION (1) *souscrite en vertu de l'art. 61 de la loi du 25 juin 1920 et des articles 1 à 4 du Décret du 24 juillet 1920.*

Bureau { *des contributions indirectes (2)* / *de l'enregistrement (2)* ...... / *des douanes (2)* ... . } *de* ....

Nom, prénoms ....

Profession ....

Domicile ....

Désignation précise de la nature de l'établissement ....
....

Siège de l'établissement ....

Dénomination de la maison de commerce (raison sociale)
....

3) Date à laquelle le redevable a commencé à exercer sa profession, (2) son commerce, (2) a ouvert sa succursale, (2) son agence.

Certifié à .... *le* ....

(Signature) (4)

---

(1) Obligatoire pour toutes les personnes non assujetties à l'impôt sur les bénéfices industriels et commerciaux.

(2) Rayer suivant le cas (cf. 40 et suivants).

(3) Mention spéciale pour les personnes devenues redevables de l'impôt sur le chiffre d'affaires depuis le 1er juillet 1920.

(4) Si la déclaration est signée par un mandataire, annexer une procuration sur papier timbré.

Modèle II

IMPOT SUR LE CHIFFRE D'AFFAIRES

(Art. 67 de la loi du 25 juin 192
art. 9 du décret du 24 juillet 19200
)

Bureau { de l'enregistrement (1)....... } de ....
{ des contributions indirectes (1) }
{ des douanes (1)....:.......... }

RELEVÉ *du chiffre d'affaires effectué pendant le mois de (2)* ....

Nom et prénoms du redevable ....

Domicile ....

Désignation de l'établissement ....

Siège ....

Désignation de la succursale (1) ou de l'agence (1) ....

....

Nature { de l'industrie (1) ....
{ du commerce (1) ....
{ des affaires (1) ....

Catégorie de classement (3) ....

Montant total { 1° Passibles de la taxe de 1,10 % ....
des affaires { 2°   —   de 3 % ....
{ 3°   —   de 10 % ....

Certifié exact à ....

le ....

(Signature) (4)

(1) Rayer suivant le cas.
(2) Le relevé fourni en septembre 1920 doit comprendre les mois de juillet et d'août.
(3) S'il s'agit d'un établissement de luxe.
(4) Si le relevé est signé par un mandataire, une procuration doit être déposée au bureau.

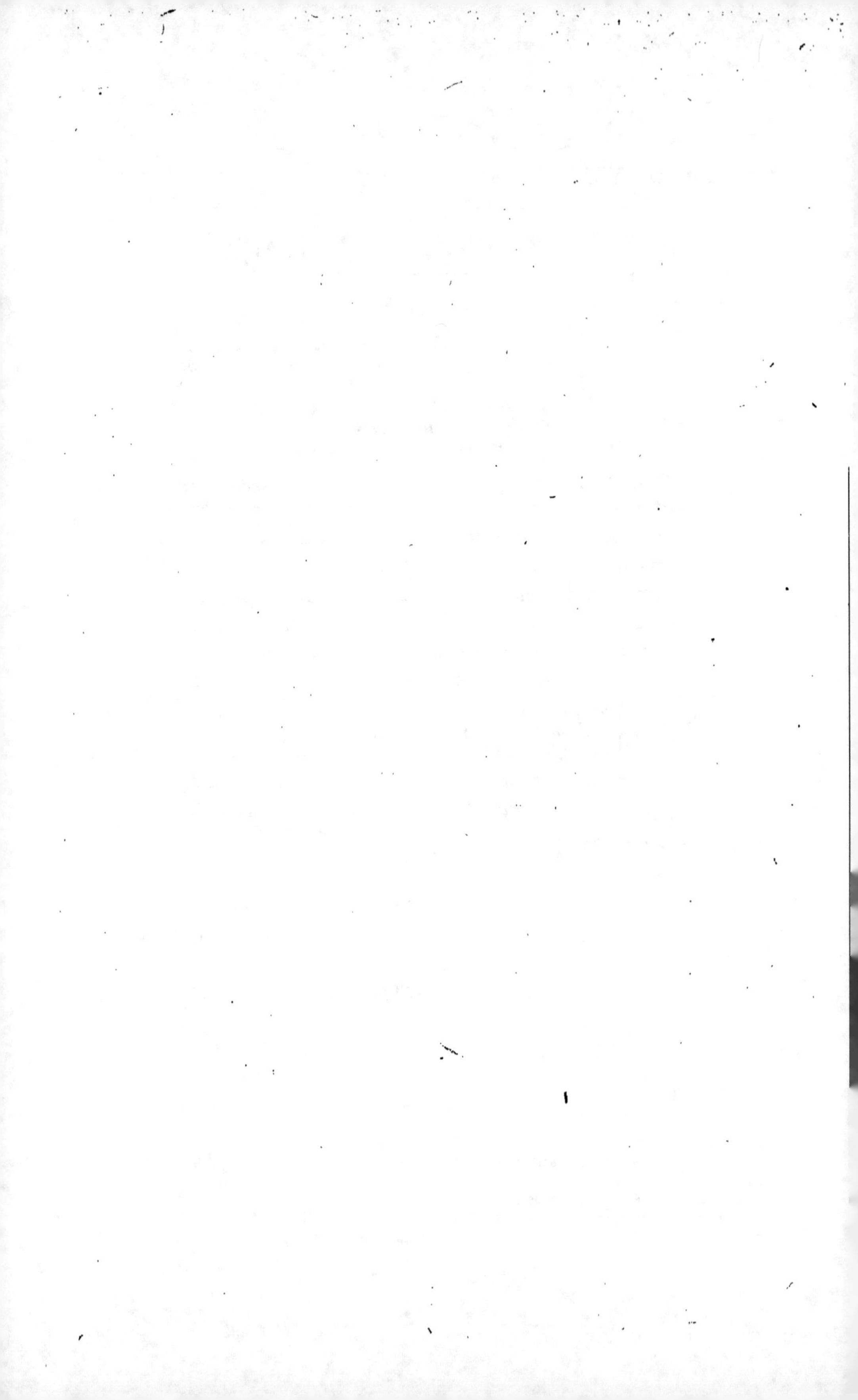

Modèle III

IMPOT SUR LE CHIFFRE D'AFFAIRES

ATTESTATION par un commerçant qui achète des marchandises de luxe.

(Art. 20 du Décret du 24 juillet 1920)

Je soussigné ....

demeurant à ....

profession ....

Certifie 1º *que je suis soumis à l'impôt établi par les articles 2 à 12 de la loi du 31 juillet 1917* (1)

ou que je me trouve dans l'un des cas d'exonération prévus à l'article 13 de la dite loi (1).

2º *Que tous les achats qui seront portés à mon compte* (1) *(ou à mon carnet d'escompte)* (1) *seront effectués pour mon propre commerce et s'appliqueront à des objets destinés à être revendus par moi, avec ou sans transformation.*

Certifié à ....

le ....

(Signature)

---

(1) Rayer suivant le cas.

Modèle IV

MODÈLE LIVRE SPÉCIAL

(prescrit par l'article 6 loi du 25 juin 1920)

obligatoire pour tout redevable qui ne tient pas u tabilité permettant de déterminer son chiffre d'affaires

| DATE | | | DÉSIGNATION DES OBJETS VENDUS (Inscrira globalement en fin de journée les ventes d'objets non classés de luxe n'atteignant pas 100 fr.) | PRIX DE LA VENTE | | | ADRESSE DE L'ACHETEUR (que dans le cas où il s'agit xe et où l'acheteur est un yant fourni une attestation chète pour revendre) | OBJETS RENDUS OU ÉCHANGÉS | | | | OBSERVATIONS |
Quantièmes	Mois	Années		Prix de l'unité	Objets non classés de luxe (+ 10 %)	Objets classés de luxe (10 %)		Date de la vente	Nature de l'objet rendu ou échangé	Nom de la personne qui rend l'objet ou qui l'échange	Prix de l'objet rendu ou échangé	
20	Août	1920	Un complet veston pour homme.	425	425	»						
»	»	»	Cinq cravates.	10	50	»						
»	»	»	Un chapeau homme.	70	»	70						
»	»	»	Dix pardessus pour homme.	500	5,000	»						
»	»	»	Dix complets veston pour hommes.	650	6,500	»	M. Durand, de confections à X...					Vente à un commerçant; attestation du.......
»	»	»	Au comptant, divers articles inférieurs à 100 francs.	»	385	»						
»	»	»	» » »	»	»	»	» »	13 Août 1920	Chemise d'homme	M. Dion à...	35	
21	Août	»	etc.									

TEXTES

1º Loi du 25 juin 1920 (J. Off. du 26 juin), articles 57 à 77.

2º Décret du 26 juin 1920 (J. Off. du 27 juin) portant classification des objets de luxe.

3º Arrêté du ministre des Finances du 1er juillet 1920 (J. Off. du 2 juillet) relatif au payement de la taxe sur le chiffre d'affaires ou sur les objets de luxe applicable aux marchandises importées et à la franchise de l'impôt sur les marchandises exportées.

4º Décret du 24 juillet 1920 (J. Off. du 25 juillet), portant règlement d'administration publique pour l'application des articles 61, 62, 67 et 70 de la loi du 25 juin 1920, relatifs à l'impôt sur le chiffre d'affaires.

Extrait de la loi du 25 Juin 1920

(Articles 57 à 77)

Art. 57. — A partir de la promulgation de la présente loi, seront soumis à une taxe de 10 o/o les paiements des prix de vente intervenues entre non-commerçants, sous quelque forme et dans quelque condition que ce soit, et s'appliquant à des marchandises, denrées, fournitures ou objets qui seront désignés comme étant de luxe par les décrets prévus à l'article 64 de la présente loi.

La perception suivra les sommes de franc en franc inclusivement et sans fraction. La taxe sera acquittée par l'apposition de timbres mobiles sur la quittance du prix dont la délivrance est obligatoire, quel que soit le montant du prix. Ces timbres seront immédiatement oblitérés par l'apposition, à l'encre noire, en travers du timbre, de la signature de celui qui donne quittance, décharge ou reçu ainsi que de la date de l'oblitération. La signature peut être remplacée par une griffe apposée à l'encre grasse faisant connaître le nom ou la raison sociale de celui qui a donné quittance, décharge ou reçu, sa résidence et la date de l'oblitération.

Toute personne qui aura participé à une vente, soit comme acquéreur, soit comme vendeur, sans qu'une quittance du prix ait été délivrée et que la taxe de 10 o/o ait été acquittée, sera punie personnellement d'une amende égale au triple de la taxe qui n'aura pas été payée, sans que cette amende puisse être inférieure à 100 francs, sans décimes. Toutes les parties seront solidaires pour le paiement des droits simples. Le droit de timbre des quittances ne sera pas applicable aux écrits constatant des paiements soumis à la taxe de 10 o/o.

Art. 58. — Lorsqu'une vente de marchandises, denrées, fournitures ou objets classés comme étant de luxe et appartenant à un non-commerçant sera effectuée par un officier public ou ministériel ou constatée par un acte authentique ou sous signatures privées, la taxe de 10 o/o édictée par l'article qui précède sera perçue sur le procès-verbal ou l'acte constatant la vente aux lieu et place du droit d'enregistrement.

Art. 59. — A partir du premier jour du mois qui suivra la promulgation de la présente loi, il est institué un impôt sur le chiffre des affaires faites en France par les personnes qui, habituellement ou occasionnellement, achètent pour revendre, ou accomplissent des actes relevant des professions assujetties à l'impôt sur les bénéfices industriels et commerciaux institué par le titre Ier de la loi du 31 juillet 1917, ainsi que par les exploitants d'entreprises aesujetties à la redevance proportionnelle prévue par l'article 33 de la loi du 21 avril 1910.

Art. 60. — Sont exemptes de la taxe prévue à l'article précédent :

1º Les affaires consistant dans la vente du pain ;

2º Les affaires ayant pour objet la vente des produits monopolisés par l'Etat ainsi que des timbres et papiers timbrés débités par l'Etat ;

3º Les affaires effectuées par les exploitants de services publics concédés tenus d'appliquer des tarifs fixés ou homologués par l'autorité publique et soumises à ces tarifs ;

4º Les affaires effectuées par les agents de change, les courtiers maritimes, les courtiers d'assurances maritimes et autres personnes ou sociétés, mais exclusivement lorsqu'elles donnent lieu à des commissions ou courtages fixés par des lois ou des décrets ;

5º Les affaires assujetties à l'impôt sur les opérations de bourse des valeurs, édicté par l'article 28 de la loi du 28 avril 1893 ;

6º Les affaires assujetties à l'impôt sur les opérations de bourse de commerce, édicté par les articles 11 de la loi du 13 juillet 1911 et 9 de la loi du 27 février 1912, à l'exclusion de celles qui déterminent l'arrêt de la filière.

Si une affaire comprise dans une filière a été effectuée par une personne non assujettie au répertoire prescrit par les dispositions ci-dessus rappelées, l'impôt sur le chiffre d'affaires applicable à cette opération est réduit, s'il y a lieu, à une somme égale à l'impôt sur les opérations de bourse de commerce :

7º Les affaires effectuées par les fabricants ou importateurs et portant sur des produits pharmaceutiques et assimilés sur lesquels est perçu l'impôt de 10 o/o institué par l'article 16 de la loi du 30 décembre 1916 ;

8° Les affaires effectuées par les sociétés de capitalisation et assujetties à l'impôt établi par l'article 38 de la présente loi ;

9° Les affaires effectuées par les sociétés ou compagnies d'assurances et tous autres assureurs, quelle que soit la nature des risques assurés, et qui sont soumises aux taxes de timbre et d'enregistrement édictées par les articles 6 de la loi du 23 août 1871, 8 de la loi du 29 décembre 1884, 16 de la loi du 13 avril 1898, 16, 17, 18, 20 et 21 de la loi du 29 juin 1918, 2 de la loi du 14 juin 1919 et 39 de la présente loi ;

10° Les affaires effectuées par les entrepreneurs de spectacles et autres attractions et divertissements assimilés et soumises à la taxe instituée par l'article 13 de la loi du 31 décembre 1916 et modifiée par les articles 92 et suivants de la présente loi ;

11° Les affaires effectuées par les entrepreneurs de voitures publiques de terre et d'eau ou les loueurs de voitures partant d'occasion ou à volonté et soumises aux taxes édictées par les articles 115 et suivants de la loi du 25 mars 1817, 8 de la loi du 28 juin 1833, 1er, 2 et 3 de la loi du 11 juillet 1879, 98 et suivants de la présente loi.

Art. 61. — Toute personne redevable de l'impôt établi par l'article 59 de la présente loi et qui n'est pas inscrite au rôle de l'impôt sur les bénéfices industriels et commerciaux doit, dans le mois de la promulgation de la présente loi ou dans les quinze jours du commencement de ses opérations ou de l'ouverture de son établissement industriel ou commercial, souscrire au bureau qui sera désigné par le règlement d'administration publique prévu par l'article 67 ci-après, une déclaration dont la forme et le contenu seront déterminés par le même décret.

Art. 62. — Pour la liquidation de l'impôt institué par l'article 59, le chiffre d'affaires est constitué :

1° Pour les personnes vendant des marchandises, denrées, fournitures ou objets quelconques, pour le montant des ventes effectivement et définitivement réalisées ;

2° Pour les personnes faisant acte d'intermédiaires, mandataires, façonniers, loueurs de choses, entrepreneurs ou loueurs de services, banquiers, escompteurs, changeurs, par le montant des courtages, commissions, remises, salaires, prix de location, intérêts, escomptes, agios et autres profits définitivement acquis.

Lorsqu'une personne effectue des opérations rentrant les unes dans la première catégorie et les autres dans la seconde catégorie, son chiffre d'affaires est déterminé en appliquant à chacune des opérations les définitions ci-dessus.

Si l'impôt a été perçu à l'occasion de ventes ou de services qui sont par la suite résiliés, annulés ou qui restent impayés, il sera imputé, de la manière fixée au règlement d'administration publique prévu à l'article 67, sur l'impôt dû pour les affaires faites ultérieurement ; il sera restitué si la personne qui l'a acquitté a cessé d'y être assujettie.

Art. 63. — Le taux de l'impôt est fixé à un pour cent (1 o/o), avec un décime au profit des départements et des communes, du chiffre d'affaires, tel qu'il est défini à l'article qui précède.

Toutefois, il est porté, savoir :

1° A trois pour cent (3 o/o), sans décimes, pour les affaires afférentes au logement et à la consommation sur place de boissons et denrées alimentaires quelconques effectuées dans des établissements classés comme étant de seconde catégorie ;

2° A dix pour cent (10 o/o), sans décimes, pour les dépenses afférentes au logement et à la consommation sur place de boissons et denrées alimentaires quelconques effectuées dans des établissements classés comme étant de première catégorie ;

3° A dix pour cent (10 o/o), sans décimes, pour les ventes au détail ou à la consommation des marchandises, denrées, fournitures ou objets quelconques classés comme étant de luxe.

Les sommes perçues pour les communes et les départements seront réparties selon des règles fixes établies par la loi de finances de 1921 à raison de deux tiers pour les communes et d'un tiers pour les départements.

Art. 64. — Le gouvernement est autorisé à effectuer par décrets le classement des marchandises, denrées, fournitures ou objets quelconques de luxe, ainsi que la modification du traitement opéré. Ces décrets seront soumis à la ratification législative, immédiatement si les Chambres sont réunies, sinon, dès l'ouverture de leur plus prochaine session ; ils resteront applicables jusqu'à la mise en vigueur de la loi statuant sur leur ratification.

Le classement des établissements de première et de seconde catégorie sera effectué dans chaque département par une commission siégeant au chef-lieu et composée : du directeur de l'enregistrement, du directeur des contributions directes et du cadastre, du directeur des contributions indirectes, de deux représentants du commerce intéressé désignés par les chambres de commerce ou, à défaut, par le ministre du commerce et d'un membre délégué par les grandes associations de tourisme ou les syndicats d'initiative ou désigné, à défaut, par le ministre des travaux publics. La commission est présidée par le plus ancien en grade des chefs de service ci-dessus énumérés. En cas de partage des voix, celle du président sera prépondérante.

Les décisions des commissions départementales seront notifiées au chef de l'établissement intéressé par lettre recommandée avec accusé de réception.

Dans le délai d'un mois à compter de cette notification, appel peut être interjeté, soit par le chef de l'établissement, soit par le directeur des contributions indirectes. Cet appel est porté devant une commission supérieure composée de :

Un délégué du ministre du commerce ;

Deux délégués du ministre des finances ;

Deux membres des chambres syndicales des commerces intéressés ;

Trois membres désignés par la réunion des présidents des chambres de commerce ou, à défaut, par le ministre du commerce.

Le président de la commission sera désigné par arrêté du ministre des finances et aura voix prépondérante en cas de partage.

La commission supérieure statue sur mémoire. Ses décisions ne peuvent être attaquées que pour excès de pouvoir ou violation de la loi devant le conseil d'Etat ; mais l'intéressé et le directeur des contributions indirectes peuvent, après une année révolue, réclamer de la commission un nouvel examen et ainsi d'année en année.

L'appel ne suspendra pas l'exécution des décisions des commissions départementales.

Un décret déterminera les conditions de fonctionnement des commissions départementales et de la commission supérieure.

Seuls, les établissements classés dans la première catégorie pourront prendre dans les enseignes, réclames, annonces, guides ou autres publications la qualification d'établissements de luxe. Au cas d'infraction, l'établissement pourra être immédiatement classé dans la première catégorie.

Le classement des établissements prévu par le présent article devra être effectué dans les deux mois à compter de la promulgation de la présente loi. Jusqu'à ce qu'il ait été opéré, les dépenses effectuées dans les établissements classés comme établissements de luxe par application de l'article 28 de la loi du 31 décembre 1917 seront soumises à l'impôt de 10 o/o et celles effectuées dans tous les autres établissements à l'impôt de 1 o/o.

Art. 65. — L'impôt de 1, 3 ou de 10 o/o est acquitté par les personnes désignées à l'article 59.

Sa perception suit les sommes de un franc en un franc inclusivement et sans fraction.

Toutefois, pour tous les marchés ou contrats conclus avant la mise en vigueur de la présente loi et portant sur la livraison au détail ou à la consommation de marchandises, denrées, fournitures ou objets classés comme étant de luxe, l'impôt de 10 o/o sera à la charge de l'acheteur ou consommateur, aux lieu et place de la taxe de même quotité qui aurait été à sa charge en vertu de l'article 27 de la loi du 31 décembre 1917.

Art. 66. — Toute personne redevable de l'impôt sur le chiffre des affaires devra, si elle ne tient pas habituellement une comptabilité permettant de déterminer son chiffre d'affaires tel qu'il est défini à l'article 62 ci-dessus, avoir un livre aux pages numérotées, sur lequel elle inscrira, jour par jour, sans blanc ni rature :

a) Si elle vend des marchandises, denrées, fournitures ou objets, chacune des ventes qu'elle a effectuées ;

b) Si elle vend des services, chacun des courtages, commissions, remises, salaires, prix de location, intérêts, escomptes, agios et autres profits constituant la rémunération de ces services.

Chaque inscription doit indiquer la date, la désignation sommaire des objets vendus ou du service rendu, ainsi que le prix de la vente ou le montant des courtages, commissions, remises, salaires, prix de location, intérêts, escomptes, agios ou autres profits. Toutefois, les opérations au comptant pour des valeurs inférieures à 100 francs et ne s'appliquant pas à des objets classés comme étant de luxe pourront être inscrites globalement à la fin de chaque journée.

Lorsque la vente aura été conclue avec un autre commerçant et que le prix dépassera 500 francs, le livre portera, en outre, le nom et l'adresse de ce commerçant.

Le montant des opérations inscrites sur le livre sera totalisé à la fin de chaque mois.

Le livre prescrit par le premier alinéa du présent article ou la comptabilité en tenant lieu, ainsi que les pièces justificatives des opérations effectuées par les redevables, notamment les factures d'achats, devront être conservés pendant un délai de trois ans à compter du 1er janvier de l'année durant laquelle le livre a été commencé ou durant laquelle les pièces ont été établies.

Art. 67. — Les personnes visées à l'article précédent sont tenues :

1° De fournir aux agents des contributions directes ainsi qu'à ceux des autres services financiers qui seront désignés par un règlement d'administration publique pour chaque catégorie de commerçants, tant au principal établissement que dans les succursales et agences, toutes justifications nécessaires à la fixation du chiffre d'affaires ;

2° De remettre chaque mois, de la manière et dans le délai qui seront fixés par le règlement d'administration publique prévu au premier alinéa du présent article, un relevé qui indiquera le montant total du chiffre de leurs affaires pendant le mois précédent et distinctement, s'il y a lieu, les fractions de ce chiffre passibles de la taxe de 10 o/o, ainsi que d'acquitter le montant des taxes exigibles d'après ce relevé dans les conditions qui seront arrêtées par le même règlement.

Ce règlement pourra déterminer les conditions auxquelles l'administration aura la faculté de dispenser les redevables de certaines des obligations édictées par l'article 66 et de celles édictées sous le numéro 2° ci-dessus, moyennant le versement d'un forfait annuel, ou de modifier exceptionnellement le délai de déclaration et de paiement fixé audit numéro.

Par exception, le premier des relevés prescrits ci-dessus ne sera envoyé et le premier versement de l'impôt ne sera effectué que le troisième mois qui suivra celui de la promulgation de la présente loi. Ce premier relevé comprendra, avec le chiffre de chaque mois, le montant total du chiffre d'affaires depuis la mise en vigueur de la loi jusqu'à la fin du mois précédant son envoi.

Art. 68. — Toute contravention aux dispositions des articles 59 à 67 sera punie :

1° Si elle n'a privé le Trésor d'aucune fraction de l'impôt à la charge du contrevenant, d'une amende fiscale de 1.000 francs, sans décimes ;

2° Si elle a entraîné le défaut de paiement dans le délai légal de la totalité ou d'une partie de l'impôt, d'une amende fiscale égale, pour chaque mois ou fraction de mois de retard, au montant de l'impôt non payé dans le délai légal, avec minimum de 1.000 francs, sans décimes.

Au cas où un contrevenant, ayant encouru depuis moins de trois ans une des amendes fiscales ci-dessus édictées, aura commis intentionnellement une nouvelle infraction, il pourra être traduit devant le tribunal correctionnel à la requête de l'administration compétente et puni d'un emprisonnement de huit jours à trois mois. Le tribunal correctionnel pourra ordonner, à la demande de l'administration, que le jugement sera publié intégralement ou par extraits dans les journaux qu'il désignera et affiché dans les lieux qu'il indiquera, le tout aux frais du condamné. Toutes les dispositions de l'article 7 de la loi du 1er août 1905 seront applicables dans ce cas.

L'article 463 du code pénal sera applicable, même en cas de récidive, aux délits prévus par le présent article.

Art. 69. — Tout refus par un redevable des communications prescrites par les articles 66 et 67 de la présente loi sera constaté par un procès-verbal et puni d'une amende de 500 à 5.000 francs, sans décimes.

Indépendamment de cette amende, le redevable devra, en cas d'instance, être condamné à représenter les pièces et documents non communiqués sous une astreinte de 100 francs au minimum par chaque jour de retard.

Cette astreinte, non soumise aux décimes, commencera à courir de la date de la signature par la partie ou de la notification du procès-verbal qui sera dressé pour constater le refus d'exécuter le jugement régulièrement signifié ; elle ne cessera que du jour où il sera constaté, au moyen d'une mention inscrite par un agent de contrôle sur un des livres du redevable, que l'administration a été mise à même d'obtenir la communication.

Art. 70. — Les infractions aux prescriptions de la présente loi relatives à l'impôt sur le chiffre des affaires peuvent être établies par tous les modes depreuve de droit commun ou constatées au moyen de procès-verbaux dressés par les officiers de police judiciaire et par les agents de l'enregistrement, des contributions directes, des contributions indirectes, des douanes et de la répression des fraudes.

Un dixième des amendes recouvrées sera versé à un fonds

commun qui sera réparti au personnel chargé de l'application de l'impôt sur le chiffre d'affaires.

L'action de l'administration se prescrit par trois ans à compter de l'infraction.

Les poursuites contre les redevables auront lieu par voie de contraintes décernées par les agents des services financiers qui seront désignés par le règlement d'administration publique prévu par l'article 67 de la présente loi. Les contraintes seront visées par le juge de paix de l'endroit où l'impôt devra être acquitté et signifiées aux redevables. L'exécution des contraintes ne pourra être interrompue que par une opposition formée par le redevable et motivée avec assignation devant le conseil de préfecture.

Sous la réserve spécifiée à l'alinéa qui précède, les instances sont introduites, instruites et jugées par les conseils de préfecture, sauf appel devant le conseil d'Etat suivant les formes fixées par la loi du 22 juillet 1889.

L'action en restitution des redevables se prescrit par deux ans à compter du paiement.

Art. 71. — Lorsqu'une vente publique comprendra des marchandises, denrées, fournitures ou objets quelconques appartenant à une personne redevable de l'impôt sur le chiffre d'affaires et classés comme étant de luxe conformément à l'article 64 de la présente loi, la taxe de 10 o/o sera perçue, lors de l'enregistrement du procès-verbal de la vente, sur le prix desdits objets, aux lieu et place du droit d'enregistrement exigible sur ce prix.

Art. 72. — Les importations d'objets ou de marchandises sont soumises, quel que soit l'importateur, à l'impôt de 1 o/o qui sera liquidé sur la valeur desdits objets ou marchandises, droits de douane et de consommation ou de circulation compris, ou s'il s'agit de marchandises, denrées, fournitures ou objets destinés à un non-commerçant et classés comme étant de luxe, à l'impôt de 10 p. 100 édicté par l'article 63 de la présente loi. Dans ce cas, l'impôt sera perçu, les contraventions seront punies, les poursuites seront effectuées et les instances instruites et jugées comme en matière de douane et par les tribunaux compétents en cette matière.

Lorsqu'une personne résidant hors de France a acheté en France des marchandises ou objets qu'elle donne l'ordre de livrer en France à un tiers auquel elle les a revendus, la livraison opérée en vertu de cet ordre sera assimilée à une importation et le vendeur qui l'effectuera sera, en conséquence, tenu d'acquitter, indépendamment de l'impôt applicable à l'affaire réalisée avec ladite personne, un second impôt de 1 ou de 10 p. 100 selon la qualité du tiers qui a reçu la livraison et la nature des marchandises ou objets livrés.

Sont exemptes de l'impôt de 1 ou de 10 p. 100 les affaires s'appliquant à des opérations de vente, de commission ou de courtage qui portent sur des objets ou marchandises exportés, sous réserve, en ce qui concerne les affaires passibles de l'impôt de 10 p. 100, des exceptions qui seront déterminées par les décrets prévus à l'article 64 de la présente loi.

Les mesures nécessaires pour l'exécution des dispositions du présent article, notamment la définition de la matière imposable, seront réglées par des arrêtés ministériels.

Art. 73. — Les articles 23 à 28 de la loi du 31 décembre 1917 sont abrogés à partir de la mise en vigueur de la présente loi sous réserve des dispositions ci-après :

La taxe établie par l'article 27 de la loi du 31 décembre 1917, continuera, en ce qui concerne les eaux-de-vie, liqueurs, apéritifs et vins de liqueur, ainsi que les vins fins qui seront classés comme étant de luxe par les décrets prévus à l'article 64 ci-dessus, à être perçus dans les conditions fixées par les articles 24 de la loi du 29 juin 1918 et 19 de la loi du 31 décembre 1918. Toutefois, le taux de la taxe est porté à 25 p. 100 en ce qui concerne les eaux-de-vie, liqueurs, apéritifs et vins de liqueur et à 15 p. 100 en ce qui concerne les vins classés comme étant de luxe.

Ces ventes n'entreront pas dans le chiffre des affaires soumises à l'impôt institué par l'article 59 de la présente loi, mais uniquement en ce qui concerne le commerçant tenu d'acquitter la taxe de 25 ou de 15 p. 100.

Art. 74. — La constatation et la perception des taxes de 25 p. 100 sur les spiritueux et vins de liqueur et de 15 p. 100 sur les vins fins sont assurées par l'administration des contributions indirectes.

Cette perception est effectuée soit au comptant au moment de la déclaration d'enlèvement des boissons faite à la recette buraliste pour la délivrance de l'expédition, sur déclaration, par l'expéditeur, de la valeur des boissons imposées, soit mensuellement si le commerçant est autorisé à être en compte avec le Trésor.

Dans ce dernier cas, le commerçant est tenu : 1° de fournir une caution spéciale ; 2° d'inscrire ses ventes, rendus et échanges sur un livre dont le modèle est agréé par le directeur départemental et qui doit être présenté à toute réquisition ; 3° de remettre au service, dans les dix premiers jours de chaque mois, un extrait certifié de ce livre, concernant les opérations du mois précédent.

Les commerçants en spiritueux, vins de liqueur ou vins fins sont également tenus de représenter à toute réquisition du service des contributions indirectes leurs livres, registres, pièces de recettes, de dépenses et de comptabilité.

Art. 75. — Les taxes de 25 p. 100 et de 15 p. 100 sont perçues sur toutes les importations de spiritueux, vins de liqueur et vins fins à destination des débitants et des consommateurs. La perception en sera opérée à la recette buraliste en même temps que celle du droit de consommation ou de circulation lors de la déclaration effectuée par l'importateur pour la délivrance du titre de mouvement. Cette déclaration, faite par écrit, devra mentionner la valeur de la marchandise sur le marché intérieur, et la taxe sera perçue d'après cette valeur, droits de douane et de consommation (ou de circulation) compris.

Art. 76. — Les contraventions aux dispositions des articles 74 et 75 sont constatées, à la requête de l'administration des contributions indirectes ou des douanes.

Elles seront punies d'une amende de 50 à 500 francs, du quintuple des droits fraudés ou compromis, ainsi que de la confiscation des boissons qui seront saisies.

Décret du 26 Juin 1920

relatif au Classement des Objets de Luxe

———

Le Président de la République française,

Sur le rapport du ministre des finances,

Vu les articles 57, 63, 64, 72 et 73 de la loi du 25 juin 1920 ayant pour objet la création de nouvelles ressources fiscales,

Décrète :

Article premier. — Sont classés comme étant de luxe les marchandises, denrées, fournitures ou objets quelconques énumérés aux tableaux A et B annexés au présent décret.

Art. 2. — Sont exclus de l'exonération prévue à l'article 72 de la loi susvisée les objets de luxe inscrits au tableau C annexé au présent décret.

Art. 3. — Les dispositions du présent décret sont applicables à partir du 1er juillet 1920.

Art. 4. — Le ministre des finances est chargé de l'exécution du présent décret, qui sera immédiatement soumis à la ratification législative.

Fait à la Monteillerie, le 26 juin 1920.

P. DESCHANEL.

Par le Président de la République :
Le ministre des finances,

F. FRANÇOIS-MARSAL.

TABLEAU A

Objets classés comme étant de luxe en raison de leur nature :

Automobiles, neuves ou d'occasion, servant au transport des personnes, leurs châssis, leurs carrosseries, garnitures et accessoires, à l'exception des pièces détachées exclusivement réservées aux réparations.

Bijouterie d'or et d'argent, de platine et bijouterie d'imitation en toutes matières.

Billards et accessoires.

Bonneterie et lingerie de soie pure ou mélangée, lingerie en batiste de fil ou de lin.

Bronzes d'art, ferronnerie et serrurerie d'art.

Chevaux, poneys, mules et mulets de luxe.
(Les éleveurs n'ont pas à supporter la taxe de 10 p. 100.)

Chiens et autres animaux de luxe.

Curiosités, antiquités, livres anciens et tous objets de collection.

Eaux-de-vie, liqueurs, apéritifs et vins de liqueur.

Fusils de chasse, articles de chasse ou d'armurerie.

Gibier vivant pour chasse ou repeuplement.

Harnachements pour chevaux de selle.

Joaillerie fine.

Librairie : éditions d'art sur papiers spéciaux à tirage limité.

Livrées, uniformes des gens de service des établissements privés.

Montres en or ou en platine.

Objets en écaille ou en ivoire.

Orfèvrerie d'or, d'argent ou de platine, y compris les médailles, jetons ou plaquettes.

Parfumerie : extraits, essences, parfums, pâtes d'amande, crèmes de beauté, poudre de riz, fards, sachets et poudres à sachets, teintures : tous articles, à l'exclusion des savons et dentifrices.

Peintures, aquarelles, pastels, dessins, sculpture originale.
(Sont exemptes de la taxe de 10 p. 100 les œuvres originales de cette catégorie vendues directement par l'auteur.)

Perles fines.

Pianos autres que les pianos droits, phonographes, gramophones, pianos mécaniques, et leurs accessoires.

Pierres précieuses, gemmes naturelles.

Reliures d'art.

Tapisseries anciennes ou modernes, en laine ou en soie, tissées au métier ou à la main, tapis d'Orient, tapis de la Savonnerie.

Truffes, volailles et gibier truffés, pâtés truffés.

Verrerie d'art, vitraux en tous genres, faïences et porcelaines d'art.

Vêtements de vénerie, amazones.

Canots et bateaux de plaisance à propulsion mécanique, yachts.

TABLEAU B

Objets classés comme étant de luxe, lorsque le prix de vente excède le prix porté ci-dessous :

	La pièce.
Abat-jour :	
En porcelaine ou en verre....................	40 fr.
En toute autre matière......................	20
Appareils de photographie, objectifs, à l'exclusion des appareils et objets servant à la radiotélégraphie et au service médical...............	150
Articles de Paris, tous bibelots de fantaisie d'origine française ou étrangère, en tous genres et en toutes matières, sauf ceux compris au tableau A. :	20
Articles de fantaisie pour bureau	10
Articles de fumeurs	12
Articles de piété	30
Brosserie, peignes et autres objets de toilette..	25
Cadres	50
Cannes, cravaches	15
(Sont exemptes de la taxe de 10 o/o les cannes nécessaires aux infirmes et aux mutilés.)	
Céramique :	
a) Service de table, 12 couverts, 74 pièces	400
Service à dessert, 12 couverts, 42 pièces	200

Pièces isolées : assiette	4
Petites pièces : moutardier, ravier, salière, porte-couteau, etc.	6
Pièces moyennes : saucière, plat, compotier, jatte, sucrier, assiette à pied	12
Grosses pièces : soupière, légumier, saladier...	30
b) Service de toilette complet	100
Pièces isolées	30
c) Service à thé ou à café	50
Petite pièce isolée	6
Grosse pièce	12
Chapellerie pour hommes	60
Chapeaux de femmes	80
Chaussures :	
Enfants	75
Hommes et femmes	100
Chocolats, cacaos :	
Chocolats sous toutes hormes, tablette, poudre, etc., cacao mélangé de sucre, le kilo	12
Cacaos purs, sous toutes formes, le kilo	13
Colliers et laisses de chien	15
Confiserie le kilo	12
Corsets, ceintures, soutiens-gorge :	
Corsets	80
Ceintures, soutiens-gorge	50
Costumes :	
a) Costumes complets ou pardessus :	
D'enfants	200
De garçonnets	300
D'hommes (habit, redingote, jaquette)	600
b) Complet veston pour hommes	500
c) Pièces séparées :	
Gilet	50
Pantalon	150
Habit, smoking, redingote, jaquette	400
Veston	300
d) Costumes de femmes :	
Fillettes	300

Dames 600

e) Manteaux de femmes :

Fillettes 300

Dames 600

f) Pièces détachées :

Jupes 250

Corsages 175

g) Vêtéments d'intérieur :

Pour dames, peignoirs et robes de chambre ... 125

Pyjamas 50

Pour hommes, robes de chambre 250

Pyjamas 50

h) Accessoires de vêtements pour hommes, femmes ou enfants :

Cravates, bretelles, foulards et tous autres articles 20

i) Bonneterie de laine, lingerie de corps pour hommes, femmes ou enfants 60

Tout article de bonneterie ayant un caractère de vêtement ou remplaçant un vêtement est classé dans la catégorie des vêtements, costumes ou manteaux pour hommes, femmes ou enfants.

Coutellerie, ciseaux, tous articles d'une taille inférieure à 25 centimètres 25

Couvertures, couvre-pieds, édredons 275

Dentelles, broderies, guipures :

Au mètre, à la mécanique 10

Au mètre, à la main 25

A la pièce, à la mécanique 20

A la pièce, à la main 50

Eventails 10

Fleurs naturelles, artificielles ou stérilisées, plantes de serres ou d'appartement, l'achat 10

Fourrures 250

Ganteries : la paire 20

Garnitures de foyer 150

Gravures, estampes, photographies d'art, reproductions d'œuvres d'art par la photographie 100

Guêtres, jambières, la paire 45

Instruments de jeu et de sport 60

Instruments de pêche, à l'exclusion des filets de pêche servant à l'exercice de la profession de pêcheur 15

Instruments de musique autres que ceux portés au tableau A 400

Jouets 30

Jumelles, lorgnettes, faces-à-main, stéréoscopes 30

Lampes, appliques 100

Linge de maison :

Le drap 200

La taie 30

La nappe, le mètre carré 45

Serviette de table ou de toilette 12

Tous autres articles 12

Lustres, suspensions, plafonniers :

Lustres et suspensions 200

Plafonniers 150

Malles 150

Maroquinerie, gainerie, l'article 20

Meubles :

Chambre à coucher :

1 armoire 1.500

1 lit 1.200

1 table de nuit 300

3.000

Salle à manger :

1 buffet 1.500

1 table 600

6 chaises à 150 fr. 900

3.000

Salon :

1 canapé **1.200**

2 fauteuils à 600 fr. 1.200

2 chaises à 300 fr. 600

3.000

Cabinet de travail :

1 bibliothèque	1.500
1 bureau	1.100
1 fauteuil	400

3.000

Meubles autres que ceux ci-dessus désignés, qui sont géné-ralement vendus à la pièce :

Grandes pièces	1.500
Moyennes pièces	600
Petites pièces	300
Pièces détachées de moindre importance	150

Doivent être compris dans les grandes pièces, notamment :

Armoire d'antichambre.

Grand canapé ou divan.

Armoire de cabinet de toilette ou armoire de garde-robe.

Cartonnier double.

Commode de chambre à coucher.

Commode de salon.

Bibliothèque de fantaisie ou de salon.

Vitrine de salon à plusieurs portes.

Meuble crédence ou vaissellier.

Argentier.

Doivent être compris dans les pièces moyennes, notamment :

Porte-chapeaux.

Banquette.

Table.

Fauteuil.

Cartonnier simple.

Console.

Chevalet de salon.

Chiffonnier.

Vitrine de salon à une porte.

Paravent.

Dressoir.

Etagère à découper, pannetière.

Gaine.

Servante automatique.
Boîte à horloge.
Toilette-lavabo à effet d'eau.
Toilette-commode.
Toilette duchesse.
Chaise longue en une ou plusieurs parties
Bureau de dame.
Caqueteuse.

Doivent être compris dans les petites pièces, notamment :
Chaise garnie ou chauffeuse.
Ecran.
Banquette de salon, sans dossier.
Tabouret ou banquette de piano.
Casier à musique.
Table à thé.
Table gigogne.
Table à ouvrage.
Guéridon.
Colonne.
Sellette d'artiste.
Jardinière.
Liseuse.
Prie-Dieu.
Tabouret pouff.
Servante mobile de salle à manger.
Table de nuit ou verre d'eau.
Vide-poches.
Table à jeu.
Coiffeuse ou poudreuse.
Canapé en rotin ou osier.
Berceau ou lit d'enfant.

Doivent être compris, notamment, dans les pièces détachées de moindre importance :

Chaise cannée ou paillée.
Fauteuil et chaise rotin ou osier.
Tabouret de pied ou pouff de pied.
Métier à broder.

Bibus.

Etagère à suspendre.

Fauteuil de table fixe ou pliant.

Escabeau.

Miroiterie :

Miroirs .... Fr.   50

Glaces encadrées   200

Motocyclettes, cycles-cars et similaires 2.000

Side-car isolé 1.000

Montres autres que celles portées au tableau A.   200

Mouchoirs, à la douzaine   48

Orfèvrerie en métal commun, doré, argenté ou
non, à l'exclusion des couverts de table, la pièce..   20

Papiers de tenture, le rouleau de 8 mètres   30

Parapluies, parasols, ombrelles   80

Parfumerie : objets autres que ceux portés au
tableau A :

Savons, poudres, pâtes dentifrices, sous toutes
formes, l'article   3

Dentifrices, le litre   35

Alcools de toilette, le litre   20

Parures en plume, boas, collets, etc.   50

Pelleteries, la pièce   100

Pendules, cartels, horloges   500

Pianos droits, orgues et harmoniums 3.000

Plumes de parure   10

Reliure, par volume :

In-8° et formats plus petits   20

In-folio et in-4°   40

Réveille-matin, pendule de voyage, pendulette
de bureau   50

Rideaux, encadrements de lits, portes-fenêtres :

Par rideau ou encadrement   200

Portière double   200

Portière simple   100

Décoration de lit   100

Rideaux de vitrage, brise-bise, la paire   50

Rubans, passementerie, le mètre ou le motif ..   10

Sacs de dame, en toutes matières   50

Sellerie :

Harnais complet à l'usage des voitures pour le service particulier 1.500

Pièces isolées 300

(Sont exempts de la taxe de 10 o/o les articles de bourrellerie.)

Stores de fenêtre ou de vitrage 100

Stylographes 40

Sujets en bronze d'imitation 20

Tapis :

Carpettes 250

Descentes de lit ou foyer 100

Tapis cloué, le mètre (1 m. × o m. 70) 30

Tapis cloué (largeur supérieure) 40

Tapis de table 100

Dessus de lit 150

Tentures murales, de toutes natures, le mètre carré 5

Tissus en toutes matières pour vêtement ou ameublement, le mètre carré 50

Valises, sacs de voyage, trousses garnies 100

Verrerie et cristallerie :

Grand verre 6

Petit verre 3

Pièces de toilette ou de bureau 25

Grosse pièce 25

Service de table, 52 pièces 300

Les services à madère, bière, liqueurs et autres sont taxés, d'après leur composition, suivant les prix unitaires.

Timbres-poste pour collections, l'achat 5

Vins :

En fûts, par litre 3

(Les fûts facturés à part, pour leur valeur marchande, n'entrent pas en ligne de compte pour le calcul de la taxe instituée par l'article 73 de la loi du 25 juin 1920.)

En bouteille 5

(Pour le calcul de la taxe instituée par l'article 73 de la loi du 25 juin 1920, il sera déduit une somme de 1 fr. par bouteille, afin de tenir compte de la valeur du verre, de l'habillage et des emballages.)

Voitures à chevaux pour le service particulier.. 3.000

Volières et cages 15

TABLEAU C

Objets de luxe exclus de l'exonération prévue à l'article 72 de la loi du 25 juin 1920.

Ouvrages de modes.

Robes et manteaux.

Dentelles et plumes.

Vu pour être annexé au décret du 26 juin 1920.

Le ministre des Finances,
F. FRANÇOIS-MARSAL.

Arrêté du Ministre des Finances

du 1ᵉʳ Juillet 1920 relatif au paiement de la taxe sur le chiffre d'affaires ou sur les objets de luxe applicable aux marchandises importées et à la franchise de l'impôt sur les marchandises exportées.

TITRE PREMIER

Marchandises, denrées, fournitures ou objets quelconques importés de l'étranger, de l'Algérie, des colonies et possessions françaises, des pays de protectorat et du bassin de la Sarre.

Section i

Taxe de 1,10 o/o

Article premier. — La taxe de 1 o/o augmentée d'un décime au profit des départements et des communes, qui est due en vertu de l'article 72 de la loi du 25 juin 1920 sur la valeur des marchandises, denrées, fournitures et objets importés, est perçue par le service des douanes, quel que soit l'importateur, lorsque lesdites marchandises, denrées, fournitures ou objets sont déclarés pour la consommation. Dans ce cas, elle est exigible sur les marchandises, denrées, fournitures ou objets autres que les articles de luxe, quel que soit l'importateur, et sur les articles de luxe lorsque le payement de la taxe de 10 o/o est différé conformément aux dispositions de l'article 9.

Art. 2. — Les envois doivent être accompagnés d'une facture (original ou copie) datée et signée par le signataire du permis de consommation énonçant le nom, l'adresse et la qualité du destinataire, ainsi que le détail des objets et leur prix. Le montant de chaque facture doit être établi suivant les prescriptions de l'article 4 ci-après.

La facture doit être produite à l'appui de la déclaration de consommation dont elle prend le numéro d'inscription.

Art. 3. — La liquidation est établie sur la déclaration de douane ou sur la facture et la perception s'effectue au moment du dédouanement pour la consommation, soit à l'arrivée directe du dehors, soit à la sortie d'entrepôt ou de dépôt ou en suite de toute autre opération suspensive des droits de douane. La taxe est acquittée (pour le compte du destinataire) par le déclarant, c'est-à-dire par le signataire de la déclaration ou par la personne qui présente la déclaration. Le payement donne lieu à délivrance de quittances extraites d'un registre à souche et passibles du timbre ordinaire. La facture reste annexée à la déclaration de consommation ou classée comme liquidation.

Art. 4. — La valeur à considérer pour l'application de la taxe est celle du marché intérieur, c'est-à-dire le prix cumulé de la valeur d'achat à l'extérieur, des frais de transport, assurance, droits de sortie et autres jusqu'à l'arrivée en France, et, s'il y a lieu, des droits d'entrée et des taxes intérieures de consommation, circulation, etc.

Lorsque les factures ou les déclarations ne font pas état de tous les éléments qui doivent contribuer à former la valeur imposable, il y a lieu de les faire compléter par les intéressés ; le cas échéant, les droits de douane et les taxes intérieures sont ajoutés dès que le montant en a été calculé ou liquidé.

Les contestations relatives à l'estimation des prix qui doivent constituer la base des perceptions sont déférées à l'expertise légale suivant la procédure fixée pour les litiges douaniers. La taxation est, dans ce cas, basée sur les prix arbitrés par les experts, sans préjudice des suites contentieuses à donner aux infractions.

SECTION II

Taxe de 10 o/o

Art. 5. — La taxe de 10 o/o, non passible de décimes, établie par l'article 72 de la loi du 26 juin 1920 sur la valeur des marchandises, denrées, fournitures ou objets importés appartenant aux catégories classées comme articles ou produits de luxe, est perçue par la douane lorsque lesdits articles ou produits sont destinés aux consommateurs, c'est-à-dire lorsque ces articles ou produits ne sont pas destinés à des commerçants, pour être revendus après ou sans transformation.

Art. 6. — Les envois ayant pour destinataires des personnes rentrant dans la définition du paragraphe 1er de l'article 5 ci-dessus, doivent être appuyés d'une facture (original ou copie) datée et signée comme il est dit à l'article 2 et énonçant les noms, adresse et qualité du destinataire, ainsi que le détail des objets et leur prix. Les prix partiels et totaux des factures doivent être établis suivant les prescriptions de l'article 8 ci-après.

Les factures sont produites à la douane à l'appui de la déclaration de consommation dont elles prennent le numéro d'inscription sur le registre des déclarations.

Art. 7. — La taxe de 10 0/0 est perçue au moment du dédouanement pour la consommation, soit à l'arrivée directe du dehors, soit à la sortie d'entrepôt ou de dépôt ou bien en suite de transit, d'admission temporaire, de transbordement ou de mutation d'entrepôt. La liquidation est établie sur la déclaration de consommation ou sur la facture. La taxe est acquittée pour le compte du destinataire par le déclarant. Le payement donne lieu à la délivrance de quittances extraites d'un registre à souche et passibles du timbre ordinaire. La facture reste annexée à la déclaration de consommation ou classée comme liquidation.

Art. 8. — La valeur à considérer, tant pour la liquidation de la taxe que pour l'estimation par unité, paire, douzaine, achat, etc., des articles ou produits classés comme étant de luxe, est celle du marché intérieur suivant la règle posée par l'article 4 ci-dessus.

Lorsque les factures, les déclarations ou expéditions ne relatent pas tous les éléments qui doivent constituer la valeur imposable, il y a lieu de les faire compléter par les déclarants. Les droits de douane et les taxes intérieures sont ajoutés au décompte, s'il y a lieu, lorsque le montant en a été calculé ou liquidé.

Les contestations relatives tant à la classification des articles ou produits qu'à l'estimation de leur prix, sont déférées à l'expertise légale selon les modalités déterminées pour les litiges sur l'application du tarif des douanes. La taxation est opérée d'après les prix et spécifications arbitrés par les experts, sous réserve toutefois de la poursuite des infractions s'il y a lieu.

Art. 9. — Pour être exonérés de la taxe de 10 o/o, au titre de commerçants, conformément à l'article 3 précité, et n'acquitter que la taxe de 1,10 o/o, les importateurs doivent remettre ou faire remettre au bureau des douanes, par le déclarant, une attestation écrite en double expédition, faisant connaître leurs nom, prénoms et adresse, revêtue de leur signature et affirmant sous leur responsabilité :

1º Qu'ils sont soumis à l'impôt annuel établi par les articles 2 à 12 de la loi du 31 juillet 1917 ou qu'ils se trouvent dans l'un des cas d'exonération prévus à l'article 13 de ladite loi ;

2º Qu'ils achètent pour leur propre compte ;

3º Que la marchandise est destinée à être revendue, après ou sans transformation ;

4º Qu'ils s'engagent à inscrire leur achat sur un registre spécial et à annexer à ce registre un double de la facture prévue à l'article 6 ci-dessus.

L'une des expéditions de l'attestation est annexée à la déclaration ou classée dans une liasse spéciale si elle ne peut être jointe à la déclaration ; la seconde expédition est destinée à l'administration de l'enregistrement.

Le service s'assure par tous les moyens dont il dispose de la véracité des attestations qui lui sont remises, en vertu du paragraphe précédent. Il doit notamment rapprocher leurs indications, quant au nom et à la résidence des destinataires, des énonciations correspondantes consignées sur les déclarations de douane.

SECTION III

Taxes de 25 et de 15 o/o

Art. 10. — Les taxes de 25 et de 15 o/o sont perçues sur toutes les importations de spiritueux, vins de liqueur et vins fins autres que celles faites à destination des marchands en gros, l'importateur n'ayant à payer, dans ce dernier cas, que la taxe de 1,10 o/o, laquelle est perçue par la régie.

La perception des taxes de 25 et de 15 o/o est opérée à la recette buraliste des contributions indirectes en même temps que celle du droit de consommation ou de circulation, lors de la déclaration effectuée par l'importateur pour la délivrance du titre de mouvement. Cette déclaration, faite par écrit, doit mentionner la valeur de la marchandise sur le marché intérieur, et la taxe est perçue d'après cette valeur, droits de douane et de consommation (ou de circulation) compris.

Toutefois, à défaut d'un service de régie, les taxes de 25 et de 15 o/o sont perçues par la douane en ce qui concerne les petites quantités importées par les voyageurs non commerçants arrivant de l'étranger, de l'Algérie, des colonies ou possessions françaises et du bassin de la Sarre.

Cette perception est effectuée d'office pour le compte de l'administration des contributions indirectes et donne lieu à délivrance d'une quittance extraite d'un registre à souche, passible du timbre ordinaire.

DISPOSITIONS COMMUNES AUX SECTIONS I, II ET III

Art. 11. — Les envois par la poste en plis clos et non clos et en boîtes de valeurs déclarées donnent lieu à la perception de la taxe de 1,10 o/o ou de 10 o/o dans les conditions déterminées par les articles précédents à l'égard des autres opérations.

Il en est de même des articles apportés par les voyageurs et qui ne sont pas reconnus avoir le caractère d'objets personnels en cours d'usage, pour lesquels le tarif des douanes prévoit la franchise des droits d'importation et des taxes intérieures. En cas de perception de l'une ou de l'autre taxe (qu'il y ait ou non production de facture), il est délivré une quittance extraite d'un registre à souche et passible du timbre ordinaire.

Art. 12. — Les perceptions à effectuer au titre des taxes de 1,10 o/o et de 10, de 15 et de 25 o/o doivent suivre les sommes de 1 fr. en 1 fr. inclusivement, toute fraction de franc étant comptée pour 1 fr., en ce qui concerne la valeur sur laquelle est assise la perception. Les valeurs inférieures à 1 fr. ne donnent pas lieu à perception.

Art. 13. — Les taxes de 1,10 o/o et de 10 o/o sont exigibles au comptant et avant mainlevée des marchandises. Toutefois, les déclarants peuvent bénéficier du crédit de droits et du crédit d'enlèvement dans les mêmes conditions que pour les droits de douane.

Art. 14. — Les marchandises, denrées, fournitures ou objets déclarés pour l'entrepôt, l'admission temporaire, le transit, le transbordement, ou constitués en dépôt ne donnent pas lieu à perception. Il n'y a, d'ailleurs, aucun engagement spécial à faire prendre par les intéressés en vue du recouvrement ultérieur de l'une ou l'autre taxe.

Art. 15. — Sont affranchies de la taxe de 1,10 o/o ou de

10 o/o les opérations visées à l'article 60 de la loi (importation de pain et de spécialités pharmaceutiques soumises à l'impôt de 10 o/o établi par la loi du 30 décembre 1916).

TITRE II

Marchandises, denrées, fournitures ou objets exportés à destination de l'étranger, de l'Algérie, des colonies et possessions françaises, des pays de protectorat et du bassin de la Sarre.

Art. 16. — Le vendeur peut être dispensé d'acquitter l'impôt sur les marchandises, denrées, fournitures ou objets qu'il expédie hors de France, à charge par lui de remplir les formalités suivantes :

Les expéditions sont inscrites par le vendeur sur un carnet à souche et à volants qui lui est fourni, contre remboursement du prix, par l'administration à laquelle le vendeur verse habituellement l'impôt. Les indications à consigner à la fois sur la souche et le volant sont : le numéro d'inscription, le nombre et l'espèce des colis, l'espèce et la qualité de la marchandise, le poids, la valeur (en toutes lettres) et la destination. Le volant est détaché du carnet et suit la marchandise pour être remis à la douane du bureau de sortie après avoir été daté et signé pour valoir déclaration par la personne chargée de déclarer ou de présenter la marchandise pour l'exportation. Le cas échéant, les déclarations de douane doivent faire mention de ces volants. Après identification et constatation de l'embarquement ou de la sortie, la douane annote le volant, en indiquant en toutes lettres la valeur reconnue ou admise, et le restitue au déclarant qui le renvoie à l'expéditeur pour être rattaché à la souche comme justification de l'exportation.

La dispense de l'impôt n'est acquise au vendeur que si le volant est rattaché à la souche. Aucun passavant d'exportation ne peut être délivré plus de quatre mois après la vente.

Ces dispositions sont applicables aux taxes de 1,10 et de 10 o/o sous réserve des exceptions prévues à l'article 64 de la loi du 25 juin 1920 et au tableau C annexé au décret du 26 juin 1920.

Art. 17. — Le présent arrêté sera publié au *Journal officiel*.

Fait à Paris, le 1er juillet 1920.

F. FRANÇOIS-MARSAL.

Décret du 24 Juillet 1920

portant règlement d'administration publique pour l'application des articles 61, 62, 67 et 70 de la loi du 25 Juin 1920, relative à l'impôt sur le chiffre d'affaires

---

CHAPITRE Ier

De la déclaration à souscrire par certains redevables

Article premier. — La déclaration à laquelle est assujettie toute personne redevable de l'impôt sur le chiffre d'affaires en vertu de l'article 59 de la loi du 25 juin 1920 et qui n'est pas inscrite au rôle de l'impôt sur les bénéfices industriels et commerciaux doit être souscrite, savoir :

1° Au bureau du receveur des contributions indirectes dans le ressort duquel est exercée la profession ou le commerce :

a) Pour les personnes ou sociétés exerçant à titre principal, dans une commune quelconque, une profession ou un commerce les rendant redevables de droits ou taxes perçus par l'administration des contributions indirectes ;

b) Pour les personnes, à l'exclusion des sociétés par actions autres que celles visées à l'alinéa qui précède, exerçant leur profession ou leur commerce dans une commune dont la population, d'après le dernier recensement, ne dépasse pas 5.000 habitants ;

2° Au bureau du receveur des douanes dans le ressort duquel ils exercent leur profession ou leur commerce, pour les transitaires ou commissionnaires en douane ;

3° Au bureau du receveur de l'enregistrement dans le ressort duquel elles exercent leur profession ou leur commerce, pour toutes les personnes autres que celles visées sous les nᵒˢ 1 et 2 ci-dessus.

Art. 2. — Lorsque le redevable possède, en même temps que son établissement principal, une ou plusieurs succursales ou agences, il doit souscrire, pour chacune d'elles, une déclaration spéciale au bureau de l'administration qui a qualité pour recevoir la déclaration relative à l'établissement principal ; cette déclaration est souscrite au bureau dans le ressort duquel se trouve ladite succursale ou agence.

Art. 3. — La déclaration prévue aux deux articles qui précèdent sera souscrite, savoir :

1° Pour les personnes soumises à l'impôt sur le chiffre d'affaires, à partir du 1ᵉʳ juillet 1920, dans le mois à compter de cette date ;

2° Pour les personnes qui deviendront passibles de l'impôt sur le chiffre d'affaires postérieurement au 1ᵉʳ juillet 1920, dans les quinze jours au plus tard à partir de celui auquel le redevable aura commencé à exercer sa profession ou son commerce. Si la déclaration est relative à une succursale ou agence, elle est faite dans les quinze jours à partir de celui auquel cette agence ou succursale a commencé à fonctionner.

Art. 4. — Chaque déclaration contient :

1° Les nom, prénoms et domicile du redevable ;

2° La désignation précise de la nature et du siège de l'établissement ;

3° La dénomination, s'il y a lieu, de la maison de commerce ;

4° S'il s'agit d'une personne devenue redevable de l'impôt sur le chiffre d'affaires postérieurement au 1ᵉʳ juillet 1920, la date à laquelle ce redevable a commencé à exercer sa profession ou son commerce ou a ouvert la succursale ou agence.

Cette déclaration est certifiée, datée et signée par le redevable ou son mandataire, suivant pouvoir régulier, qui reste annexé à la déclaration.

CHAPITRE II

Contrôle des agents de l'administration

Art. 5. — Le droit de demander les justifications nécessaires à la fixation du chiffre d'affaires prévu par l'article 67 de la loi du 25 juin 1920 est exercé, savoir :

1° Par les agents de l'administration des contributions indirectes vis-à-vis des redevables, inscrits ou non au rôle de la contribution sur les bénéfices industriels et commerciaux, qui sont désignés sous le n° 1 de l'article 1er du présent décret ;

2° Par les agents de l'administration des douanes vis-à-vis des redevables, inscrits ou non au rôle de la contribution sur les bénéfices industriels et commerciaux, qui sont désignés sous le n° 2 de l'article 1er du présent décret ;

3° Par les agents de l'administration de l'enregistrement vis-à-vis des redevables, inscrits ou non au rôle de la contribution sur les bénéfices industriels et commerciaux, qui sont désignés sous le n° 3 de l'article 1er du présent décret.

Art. 6. — Le même droit de demander des justifications sera exercé par les agents de l'administration des contributions directes, conformément au même article 67, vis-à-vis de tous les redevables, quelle que soit la catégorie à laquelle ils appartiennent, passibles de la contribution sur les bénéfices industriels et commerciaux, instituée par le titre Ier de la loi du 31 juillet 1917, ainsi que vis-à-vis des exploitants d'entreprises passibles de la redevance proportionnelle prévue par l'article 33 de la loi du 21 avril 1810.

Art. 7. — Lorsqu'une personne soumise à l'impôt sur le chiffre d'affaires possède plusieurs établissements, agences ou succursales, le droit de contrôle est exercé dans les divers établissements, agences ou succursales par les agents de l'administration qui a qualité pour exercer ce droit au siège du principal établissement.

Art. 8. — Lorsque les nécessités du service l'exigent, des arrêtés ministériels, pris pour une commune déterminée, peuvent exceptionnellement modifier la répartition du contrôle et de la perception de l'impôt entre les trois administrations des contributions indirectes, de l'enregistrement et des douanes. Ces arrêtés doivent s'appliquer à tous les redevables exerçant une même profession ou un même commerce.

CHAPITRE III

Paiement de l'impôt

Art. 9. — Toute personne soumise à l'impôt sur le chiffre d'affaires en vertu de l'article 59 de la loi du 25 juin 1920 établit, à la fin de chaque mois, soit d'après sa comptabilité, si cette comptabilité permet de déterminer son chiffre d'affaires, soit d'après le livre dont la tenue est prescrite par l'article 66 de la loi du 25 juin 1920, un relevé du montant total des affaires auxquelles chacune des taxes de 1, de 3 ou de 10 o/o doit être appliquée dans ce mois.

En vue de l'établissement du relevé, chaque affaire doit être inscrite, soit dans la comptabilité du redevable, soit sur le livre ci-dessus visé, à la date du payement, à moins d'autorisation donnée par l'administration d'inscrire certaine catégorie d'affaires à une date antérieure à raison des convenances commerciales.

Ce relevé indique :

1° Le nom du bureau auquel le relevé est adressé ;

2° Le mois qu'il concerne ;

3° Le nom et le domicile du redevable, la désignation et le siège de l'établissement et, le cas échéant, la désignation et le siège des agences ou succursales ;

4° La nature de l'industrie, du commerce ou des affaires donnant ouverture à impôt ;

5° La catégorie de classement de l'établissement, s'il y a lieu ;

6° Le montant total des affaires effectuées durant le mois en distinguant :

a) Les affaires passibles de la taxe de 1 o/o ;

b) Les affaires passibles de la taxe de 3 o/o ;

c) Les affaires passibles de la taxe de 10 o/o.

Si le redevable est passible de l'impôt à raison d'opérations rentrant dans les deux catégories prévues sous les numéros 1 et 2 de l'article 62 de la loi du 25 juin 1920, le relevé indique distinctement le montant des opérations rentrant dans chacune de ces deux catégories.

Le relevé est certifié, daté et signé par le redevable ou son mandataire dûment autorisé.

Art. 10. — Chaque redevable adresse ou remet, chaque mois, le relevé cidessus mentionné du chiffre des affaires qu'il a effectuées durant le mois précédent au bureau du receveur de l'administration qui a qualité pour exercer vis-à-vis de lui le droit de contrôle.

Toutefois, si le payement est effectué par traite, le relevé est adressé ou remis à l'agent de ladite administration, qui sera désigné par arrêté ministériel pour émettre la traite.

Si, au cours d'un mois, il n'a été effectué aucune opération donnant ouverture à l'impôt, le redevable adresse ou remet à l'agent compétent un certificat négatif également daté et signé.

Art. 11. — Des arrêtés ministériels peuvent exceptionnellement déroger à l'obligation de remettre mensuellement le relevé du chiffre d'affaires pour les commerces ou industries qui comportent une comptabilité arrêtée par période spéciale.

Ces arrêtés déterminent les dates auxquelles les redevables exerçant ces commerces ou industries devront remettre le relevé de leurs chiffres d'affaires.

Art. 12. — Si le redevable possède, indépendamment d'un établissement principal, une ou plusieurs agences ou succursales, chacune de ces agences ou succursales doit produire un relevé des affaires qu'elle a effectuées.

Art. 13. — Le directeur départemental de l'administration qui a qualité pour recevoir le relevé du chiffre d'affaires, répartit les redevables en catégories et fixe, pour chaque catégorie, la période du mois durant laquelle ceux-ci doivent remettre ou envoyer le relevé des affaires qu'ils ont effectuées.

Art. 14. — Le relevé est remis soit directement à l'agent de l'administration compétente, soit à un bureau de poste par lettre affranchie adressée à cet agent.

Art. 15. — Le payement de la totalité de l'impôt exigible sur les affaires effectuées par un redevable d'après le relevé déposé par lui est fait au moment de la remise ou de l'envoi du relevé, sous réserve pour le redevable d'user de la faculté prévue au dernier alinéa du présent article.

Le redevable peut se libérer soit en numéraire, soit au moyen d'un chèque postal, d'un mandat-poste ou mandat-carte émis au profit du receveur de l'administration compétente et à lui adressé dans les conditions prévues à l'article 14 du présent décret, soit par virement à son compte de chèques postaux.

Si le versement à effectuer excède 100 fr., le redevable peut également remettre en payement, dans les mêmes conditions et délai, un chèque barré émis à l'ordre du receveur de l'administration compétente et portant « Banque de France » entre les deux barres.

Enfin, les redevables exerçant une profession ou un commerce dans une place bancable peuvent être autorisés par le directeur de l'administration compétente à acquitter le montant de l'impôt sur présentation d'une traite émise par l'agent de ladite administration désigné à cet effet. Dans ce cas, l'impôt est augmenté des frais de traite ainsi que des frais de recouvrement dont le montant est fixé par arrêté ministériel.

Art. 16. — Les affaires qui, au cours d'un même mois, sont résiliées ou annulées, sont portées pour mémoire au relevé prescrit par l'article 9 du présent décret.

Lorsqu'une affaire à raison de laquelle l'impôt a été acquitté est ultérieurement résiliée ou annulée, l'intéressé, pour obtenir l'imputation de l'impôt prévue par le dernier alinéa de l'article 62 de la loi du 25 juin 1920, joint à l'un des plus prochains relevés mensuels à produire après la date de la résiliation ou de l'annulation, un état spécial indiquant :

1º La nature de l'opération initiale ainsi que le nom et l'adresse de la personne avec laquelle l'affaire a été conclue ;

2º La date de cette opération ;

3º La page du livre spécial prescrit par l'article 66 de la loi du 25 juin 1920 sur laquelle elle a été inscrite ou du registre de comptabilité tenant lieu du livre spécial ;

4º Le montant de la somme remboursée ou impayée.

Le montant de la somme à déduire à la suite des rectifications effectuées, comme il est dit ci-dessus, est imputé sur les sommes portées sur les premiers relevés produits après le dépôt de la réclamation.

Des arrêtés ministériels détermineront par dérogation aux dispositions qui précèdent les formes à suivre lorsqu'il y aura restitution d'emballages ou de récipients.

Art. 17. — La restitution de l'impôt, quand elle ne peut être effectuée par voie d'imputation, conformément aux dispositions de l'article qui précède, ne peut avoir lieu que sur demande spéciale, dûment établie sur papier timbré et appuyée de toutes les justifications indiquées ci-dessus.

Art. 18. — En aucun cas, l'imputation ou la restitution ne

peut être demandée après un délai de deux ans, à partir de la perception.

***

CHAPITRE IV

Forfait

Art. 19. — Les redevables dont le chiffre d'affaires mensuel n'a pas excédé en moyenne, pendant l'année précédente, 4.000 francs, s'il s'agit de redevables dont le commerce principal est de vendre des marchandises, denrées, fournitures ou objets à emporter ou à consommer sur place et de fournir le logement, ou 1.000 fr. s'il s'agit d'autres redevables, peuvent être affranchis des obligations édictées par les articles 9 à 14 du présent décret, moyennant le versement d'un forfait annuel déterminé d'après leur chiffre d'affaires de l'année précédente.

La dispense de déposer le relevé est accordée par le directeur départemental sur l'indication du chiffre d'affaires atteint l'année précédente.

Les redevables admis au bénéfice de cette dispense doivent adresser, tous les ans, avant le 31 janvier, à l'agent désigné à l'article 10 du présent décret, un relevé conforme aux prescriptions de l'article 9, mais indiquant simplement le chiffre total des affaires qu'ils ont effectuées l'année précédente.

Dans le mois de la réception de ce relevé, le directeur départemental de l'administration compétente fixe le montant du forfait applicable à l'année courante et notifie sa décision au redevable. A défaut de décision dans ce délai, le forfait reste fixé au même chiffre que pour l'année précédente.

Le forfait est acquitté par fractions égales et trimestrielles, aux dates indiquées par l'administration ; le redevable se libère de l'une des manières fixées à l'article 15 du présent décret.

En cas de cessation d'affaires au cours de l'année pour laquelle a été fixé le forfait, le redevable ne doit acquitter que la fraction de ce forfait correspondant aux mois pendant lesquels il a fait des actes le rendant passible de la taxe.

***

CHAPITRE V

Vente d'objets de luxe à des commerçants

Art. 20. — Les affaires consistant dans la vente d'objets de luxe à des commerçants en vue de la revente sont exonérées de la taxe de 10 o/o édictée par l'article 63 de la loi du 25 juin 1920, à condition : 1° que le redevable ait ouvert au commerçant acquéreur un compte ou lui ait délivré un carnet d'escompte sur lequel sont portés tous les achats effectués par lui ; 2° qu'il se fasse remettre chaque année par ledit commerçant, avant tout achat, un écrit revêtu de sa signature dans lequel celui-ci indique ses nom, prénoms et adresse et certifie :

a) Qu'il est soumis à l'impôt établi par les articles 2 à 12 de la loi du 31 juillet 1917 sur les bénéfices industriels et commerciaux ou qu'il se trouve dans l'un des cas d'exonération prévus à l'article 13 de ladite loi ;

b) Que tous les achats qui seront portés à son compte ou à son carnet d'escompte seront effectués pour son propre commerce et s'appliqueront à des objets destinés à être revendus par lui, avec ou sans transformation.

Cette dernière disposition n'est pas applicable aux commissionnaires ou aux courtiers inscrits au rôle de la contribution sur les bénéfices des professions commerciales et industrielles et qui, sous une forme qui sera arrêtée par le ministre des finances, établiront que les marchandises achetées sont destinées à un commerçant.

Le redevable doit, en outre, délivrer, pour chaque achat, une facture contenant une désignation précise des objets achetés ainsi que l'indication de leur prix et de la date à laquelle l'affaire a été portée sur le registre prescrit par l'article 66 de la loi du 25 juin 1920.

Les dispositions du présent article ne sont pas applicables en cas de vente publique.

Art. 21. — L'inscription dans les écritures du redevable des affaires non soumises à l'impôt de 10 o/o en vertu de l'article qui précède est émargée de la mention : Vente à un commerçant : Taxe de 1 fr. 10 o/o.

CHAPITRE VI

Dispositions transitoires

Art. 22. — Les redevables inscriront sur un état spécial les affaires conclues avant le 1er juillet 1920 et dont le payement serait effectué après cette date.

Les affaires portées sur cet état ne donneront pas lieu au payement de l'impôt, à charge par les redevables de fournir toutes les justifications réclamées par l'administration. Cette exemption ne s'applique pas aux affaires visées au troisième alinéa de l'article 65 de la loi du 25 juin 1920 et ayant pour objet la livraison au détail ou à la consommation, des marchandises, denrées, fournitures ou objets classés comme étant de luxe.

Art. 23. — Le ministre des finances est chargé de l'exécution du présent décret, qui sera publié au « Journal Officiel » et inséré au « Bulletin des lois ».

Fait à Rambouillet, le 24 juillet 1920.

P. DESCHANEL.

Par le Président de la République :

Le ministre des Finances,
F. FRANÇOIS-MARSAL.

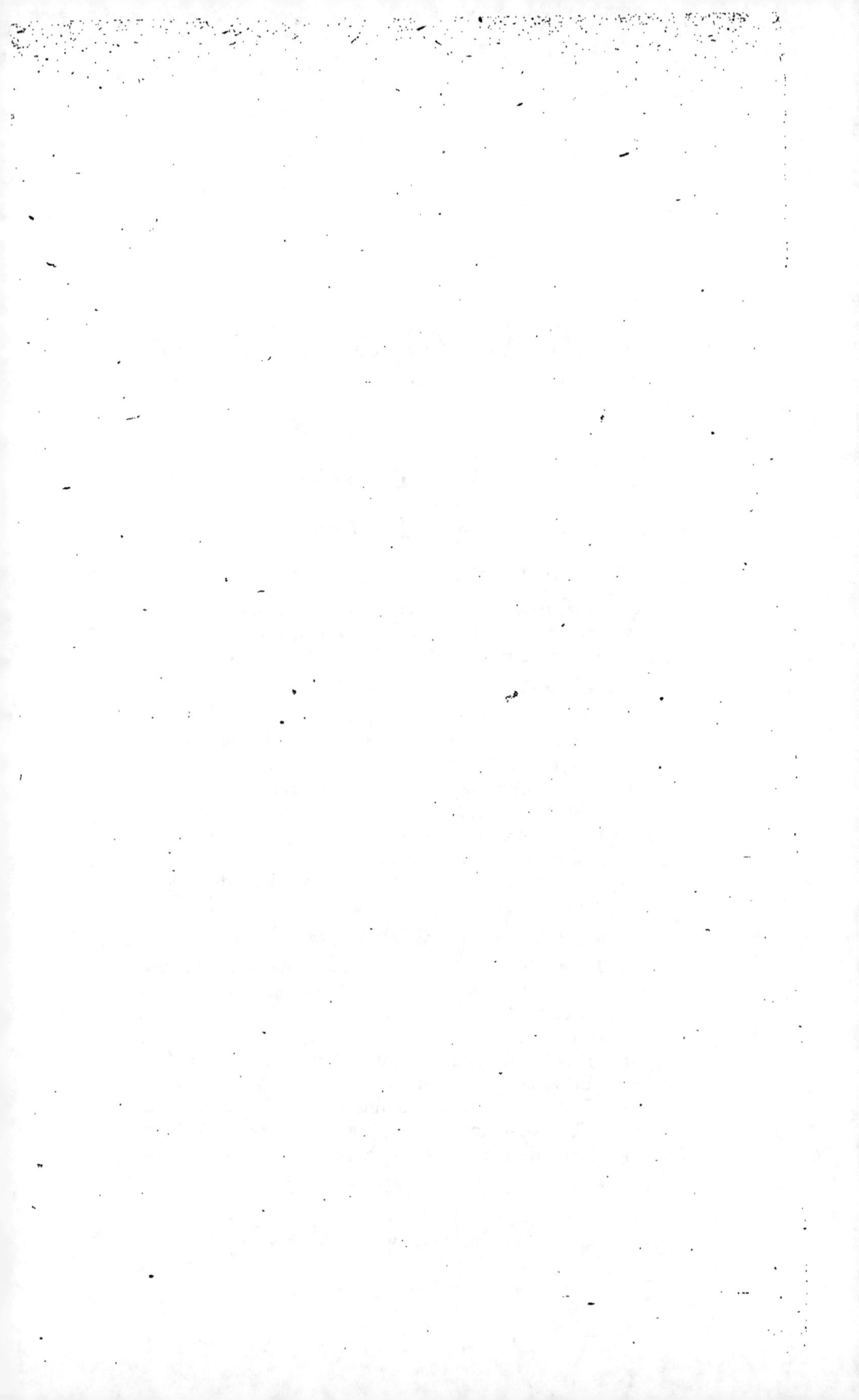

TABLE ANALYTIQUE

CHAPITRE PREMIER

Objet de l'Impôt

CHAPITRE II

Des obligations des redevables

II. — Livre spécial. Pages

III. — Communication aux agents de l'administration.

CHAPITRE III

Taux, Date, Lieu et Modes de Paiement de l'Impôt

I. — Taux de l'impôt.

II. — Lieu de paiement de l'impôt.

III. — Liquidation, modes et date de paiement.

CHAPITRE IV

Imputation et Restitution

A. — Imputation.

B. — Restitution.

CHAPITRE V

Sanctions, Poursuites, Prescriptions

CHAPITRE VI

Affaires de Luxe

CHAPITRE VII

Vins de luxe, Vins de liqueurs, Eaux-de-vie et Apéritifs

CHAPITRE VIII

Importations et Exportations

I. — Importations.

A. *Dispositions communes aux importations soumises aux taxes à 1,10 et à 10 o/o.*

B. *Dispositions particulières à la taxe de 10 o/o.*

C. *Dispositions particulières aux taxes de 15 et de 25 o/o.*

II. — Exportations.

Application en Alsace-Lorraine

Modèles

Textes

TABLE ALPHABÉTIQUE

C. CADET, IMPRIMEUR.